GEOlino extra Illustration Titel: Courtesy of Giant Screen Films; Fotos: shutterstock; privat;

INHALT

Mehr von GEOlino …

… bekommt ihr in unserem Podcast auf die Ohren. Der erscheint jeden Mittwoch auf ***geolino.de/podcast*** *und überall dort, wo es Podcasts gibt.*

… findet ihr auch im Netz:

GEOlino extra Fotos: Xinhua/eyevine/laif L. o. l.); Benoit Clarys (l. u. m.); Le Figaro/laif (l. o. r.); imago (l. u. r.); Pawel Opaska/ddp (r. o. l.); Thilo Klüppel (r. m. l.); Andreas Müller (r. u. l.); Melanka Helms (r. o. m.); NG (r. m. m.); Manuel Kilger (r. m. r.); Shutterstock (9)

Spuren der Eiszeit

*Vor rund 115 000 Jahren schlitterte die Erde zuletzt in eine Eiszeit, weite Teile waren unter Schnee und Gletschern begraben. Auch wenn sie vor etwa 12 000 Jahren endete: Ihre Spuren sind bis heute überall auf der **Welt** zu finden – ob als spektakuläre Landschaften, faszinierende Höhlenmalereien oder gigantische Mammutskelette*

Text: ***Simone Müller***

Landschaft

In Form gebracht

Rund 700 Meter ragt dieser Felsvorsprung über den Ringedalsvatnet-See in Norwegen. Trolltunga nennen die Einheimischen ihn, „Trollzunge". Der Legende nach sollen viele Felsen und Berge riesige, erstarrte Trolle sein. Das ist natürlich Quatsch. **Gletscher** vergangener Eiszeiten haben den Vorsprung geformt, genau wie all die Berge, Täler, Seen und **Fjorde** Norwegens. Letztere sind Meeresarme, die weit ins Festland hineinreichen. Sie entstanden vor Zehntausenden Jahren, indem Eismassen bestehende Flusstäler immer weiter aushobelten. Als die Gletscher am Ende der letzten Eiszeit schmolzen, strömte das Meer in die Täler ein – und bildete die Fjorde.

CAT
TRUPER
TRUPER

Ausgrabungen

Bis auf die Knochen

Eigentlich soll an dieser Stelle ein neuer Flughafen entstehen. Doch dann stoßen Arbeiter auf der Baustelle nahe Mexiko-Stadt auf Knochen – gigantische Knochen! Schnell stellt sich heraus: Sie gehören zu **Präriemammuts**, die während der letzten Eiszeit durch Nord- und Mittelamerika streiften. Auf dem Gelände der Baustelle befand sich einst ein See, an dessen schlammigem Ufer die Urzeit-Riesen grasten. Immer wieder blieben Tiere dabei im **Matsch** stecken und verendeten. So entstand das bislang größte Mammutgrab der Welt; inzwischen wurden die Skelette von mehr als 200 Tieren freigelegt. Paläontologen sind begeistert – die Flughafenbetreiber weniger.

Eiszeit-Parks

Feuer und Flamme

Ob der Funke überspringt? Ein Mitarbeiter des Parc de la Préhistoire (Französisch für: „Park der Urgeschichte") pustet vorsichtig in die Glut. Er will die Mädchen und Jungen für die Eiszeit begeistern – und ihnen zeigen, wie die **Menschen** vor 14 000 Jahren Feuer machten. Parks wie diesen gibt es überall in Europa. Hier, in der französischen Region Ariège, gehen Besucher bisweilen sogar für einen ganzen Tag auf **Zeitreise**: Sie schlüpfen in Hosen und Hemden aus Tierhäuten, schneiden ihr Essen mit scharfkantigen Feuersteinen zurecht, bauen ein Zelt für die Nacht auf – und lernen eben auch, Feuer zu entfachen wie unsere Vorfahren.

 Foto: Franck Renoir

Filme

Tierisch bekannt

„Wir haben Unwetter und Flutwellen überstanden. Was soll denn da noch kommen?!", fragt sich Säbelzahntiger Diego im vierten Teil der Filmreihe **Ice Age**, während er mit Riesenfaultier Sid und Mammut Manni auf einer Eisscholle mitten im Urmeer treibt. Die drei sind die wohl berühmtesten Eiszeit-Bewohner der Welt. Und tatsächlich kann sie so leicht nichts umhauen: Sie haben bereits das Ende der Eiszeit überstanden, gegen **Dinosaurier** gekämpft und die Erde vor einem Meteoriten-Einschlag bewahrt. Mit seinen Abenteuern prägt das Trio seit fast 20 Jahren unser Bild von der Eiszeit – obwohl eigentlich nur Teil eins in eben jener spielt.

GEOlino extra/Foto: face to face

Höhlenmalereien

Täuschend echt

Archäologinnen und Archäologen haben Eiszeit-Kunst bislang vor allem in Höhlen entdeckt. Trotzdem sind die Werke alles andere als unterirdisch: Im Schein des flackernden Feuers müssen Bisons und Pferde ausgesehen haben, als würden sie über die **Felswände** galoppieren. Schon damals waren also wahre Meister am Werk! Um die Malereien zu schützen, bleiben Höhlen wie die von Chauvet in Südfrankreich für **Besucher** geschlossen. Ihr Atem würde die 36 000 Jahre alten Bilder schimmeln lassen. Deshalb wurde die gesamte Höhle vor einigen Jahren nachgebaut – in einer Halle, groß wie ein halbes Fußballfeld. So kann heute jeder über die Kunst von damals staunen.

START-BLOCK

Die wichtigsten Fakten vorweg

EISZEIT

Text: *Catharina Schulz*

GEOlino extra Fotos: mauritius images (l.); shutterstock (r.)

ÜBERBLICK

Beim Wort Eiszeit denken die meisten an dicke Eispanzer, Neandertaler und riesengroße Mammuts. Doch hinter dem Begriff steckt eigentlich viel mehr als das … Fangen wir also von vorn an: Seit unser Planet vor etwa 4,6 Milliarden Jahren entstanden ist, herrschte zu 80 bis 90 Prozent der Zeit Warmklima. Dabei waren beide Pole der Erde eisfrei, und es wuchsen sogar Palmen am Nordpol. Doch dazwischen gab es immer wieder Phasen, in denen mindestens ein Pol der Erde von Eis bedeckt war. Sie werden Eiszeitalter genannt. Wissenschaftlerinnen und Wissenschaftler vermuten, dass es bislang fünf oder sechs Eiszeitalter gegeben hat. Jedes dauerte zwischen fünf und 300 Millionen Jahre – trotzdem kurz, gemessen an der Erdgeschichte. Weil heute der Nord- oder zumindest der Südpol ständig vereist sind, leben wir noch immer in einem Eiszeitalter.

Auch innerhalb eines Eiszeitalters kann das Klima im Lauf von Zehntausenden Jahren enorm schwanken: Es gibt Kaltzeiten (auch Eiszeit oder Glazial genannt), in denen es auf der Erde so frostig ist, dass die Eismassen der Arktis und Antarktis weit in niedrigere Breiten vordringen. Das war in Europa zuletzt während der Würm- oder Weichsel-Kaltzeit der Fall, die vor etwa 20 000 Jahren ihren Höhepunkt hatte – und während der eben auch Mammuts und Neandertaler umherstreiften. Um diese geht es in diesem Heft hauptsächlich. Kaltzeiten wechseln sich ab mit Warmzeiten (auch Zwischen-Eiszeiten oder Interglaziale genannt), also Phasen mit höheren Durchschnittstemperaturen. In einer solchen Warmzeit innerhalb eines Eiszeitalters befinden wir uns derzeit. Hier noch einmal alles zusammengefasst:

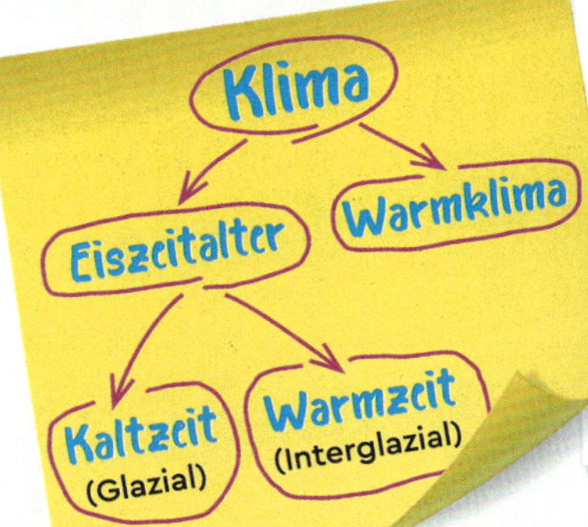

Arktis

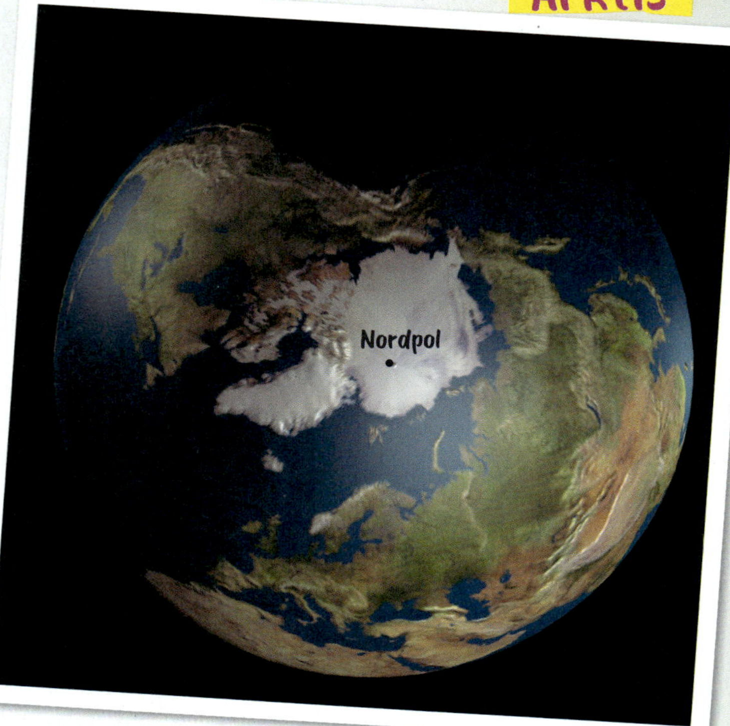

Antarktis

Was ist Eis?

Bei null Grad Celsius gefriert Wasser und wird zu Eis. Um zu verstehen, wie aus dem flüssigen Stoff ein fester wird, betrachten wir die Moleküle, also die vielen Teilchen, aus denen **Wasser** besteht. Sie ziehen sich gegenseitig an. Liegt die Temperatur über dem Gefrierpunkt, schwirren sie relativ frei umher, sodass sie sich immer nur kurz aneinander „festhalten". Doch je tiefer die Temperatur, desto langsamer werden die Moleküle, und es gelingt ihnen immer besser, ihren Nachbarn festzuhalten – bis im Eis schließlich jedes Molekül fest in einem Gitter sitzt.

Klima im Wandel

Vor 2,6 Millionen Jahren begann das aktuelle Eiszeitalter. Seither wechseln sich Kalt- und Warmzeiten ab, seit etwa 800 000 Jahren in einem festen, natürlichen **Rhythmus**. Auf 100 000 kalte Jahre folgen etwa 10 000 milde. Die aktuelle Warmzeit allerdings scheint aus dem Takt gefallen: Sie dauert bereits knapp 12 000 Jahre an – und wird durch den Einfluss des Menschen erheblich verstärkt.

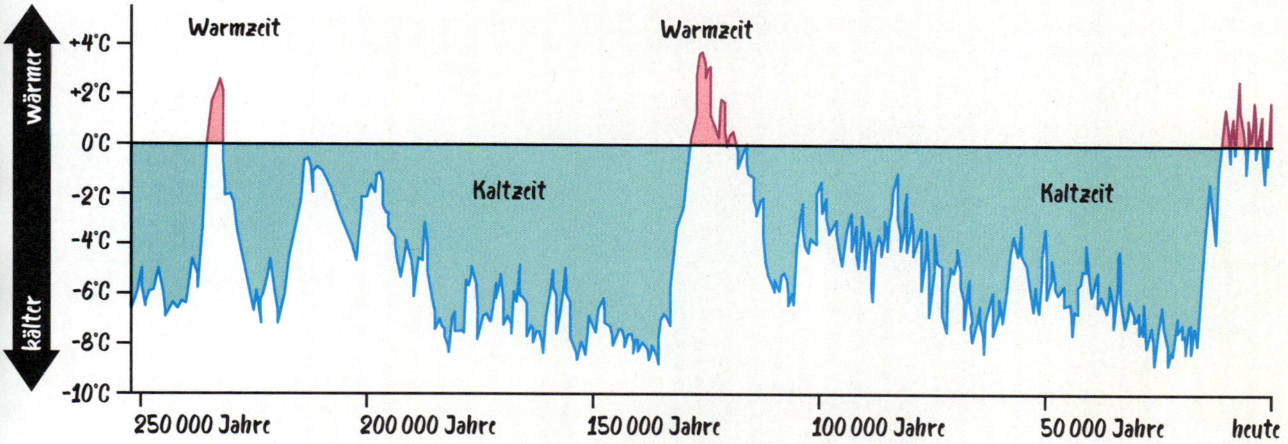

Ursachen

Was genau dazu führt, dass unser Planet von einer Warmzeit in eine Kaltzeit schlittert, ist bis heute nicht ganz klar. Die Hauptursache für die natürliche Erwärmung und Abkühlung ist vermutlich die unterschiedlich starke **Sonneneinstrahlung**: Weil sich unter anderem die Umlaufbahn der Erde um die Sonne verändert, sind auch die Abstände mal weiter, mal kürzer. Je länger Sonnenstrahlen unterwegs sind, desto stärker kühlen sie auf dem Weg zu uns ab. Zudem ändert sich ständig, wie sich die Erde zur Sonne neigt. Das kann dazu führen, dass der Planet so zur Sonne gekippt ist, dass weniger Strahlen an den Polen ankommen und sie eher vereist bleiben.

Das Klima beeinflussen aber auch andere Faktoren, etwa die Bewegung der Kontinente: In der Geschichte herrschte immer dann klirrende Kälte, wenn große Landmassen in Richtung der Pole gewandert waren. Die Eis- und Schneemassen dort reflektieren Sonnenlicht besser als Wasser – und werfen die wärmenden Strahlen zurück ins Weltall. Auch Meeresströmungen, Vulkanausbrüche oder Meteoriteneinschläge haben und hatten Einfluss auf das Klima der Erde.

DIE LETZTE KALTZEIT

Während der letzten Kaltzeit, die vor 115 000 Jahren beginnt und vor etwa 12 000 Jahren endet, liegen die weltweiten Jahresdurchschnittstemperaturen etwa sechs Grad Celsius niedriger als heute, in der Arktis sogar um 14 Grad Celsius. Die Kälte und starker Schneefall sorgen dafür, dass sich die Gletscher von den Polen her immer weiter ausdehnen und schließlich bis zu einem Drittel der Landmasse unter einer dicken Eisdecke begraben. Nordamerika und Teile Asiens sind eingefroren. In Europa breitet sich das Eis über die Ostsee und die nördliche Nordsee aus. An Land reichen die Gletscher bis an den Fluss Weichsel im heutigen Polen. Im Süden dringen die Eisschilde der Alpen bis zur Würm vor. Deshalb heißt die jüngste Eiszeit hierzulande auch nach den beiden Flüssen Würm- oder Weichsel-Kaltzeit.

Auf der Erde ist es damals insgesamt aber nicht nur kühler, sondern auch trockener. Weil in den Gletschern gewaltige Schnee- beziehungsweise Wassermengen gebunden sind, liegt der Meeresspiegel etwa 130 Meter tiefer. Dadurch werden breite Landbrücken zwischen den Kontinenten frei, die heute wieder von Wasser bedeckt sind. Deshalb ist es während der letzten Kaltzeit theoretisch möglich, von Westeuropa über Sibirien bis nach Nordamerika zu spazieren.

Mit dem Ende der Eiszeit kommt das Wasser schlagartig zurück: Vor etwa 12 000 Jahren steigen die durchschnittlichen Jahrestemperaturen rasant an – in Europa innerhalb eines Menschenlebens um etwa sechs Grad Celsius. Es regnet viel und oft. Gletscherwasser überströmt die einst frostigen und kargen Böden, formt Flussbetten, lässt Pflanzen sprießen und sorgt dafür, dass Menschen und Tiere neue Lebensräume erobern. Gleichzeitig werden insbesondere Tiere wie Mammuts, die perfekt an das Leben in kalten Graslandschaften angepasst waren, von der plötzlichen Erderwärmung überrumpelt. Der Klimawandel lässt ihre Lebensräume verschwinden und ist einer der Hauptgründe, weshalb am Ende der letzten Kaltzeit unzählige Arten aussterben.

Wie das Eis die Erde formte

Mit welcher Wucht die Gletscher sich über den Boden gewälzt haben, können wir noch heute erahnen, besonders in Norddeutschland. Dort reichten die Eispanzer während der Weichsel-Kaltzeit bis nach Hamburg und weit über Berlin hinaus! Das heutige Mecklenburg-Vorpommern war also komplett vereist. Auf ihrem Weg in den Süden formten die Gletscher die Landschaft auf ganz typische Art und Weise. Der Ablauf wird vereinfacht in der sogenannten Glazialen Serie dargestellt: Das bis zu drei Kilometer dicke Inlandeis zerreibt das Gestein unter sich und formt dadurch eine flache Landschaft: die **Grundmoräne 1**. Am südlichen Rand schiebt der Gletscher mitgeführtes Gestein vor sich her und immer weiter auf. Dieser Hügel wird **Endmoräne 2** genannt. Endmoränen sind im heutigen platten Norddeutschland die einzigen natürlichen Erhebungen. Dringt der Gletscher nicht mehr weiter in Richtung Süden vor und steigen die Temperaturen, bahnt sich **Schmelzwasser 3** seinen Weg durch die Endmoräne. Darin werden Gesteinsbröckchen (Sedimente) mitgeführt, die sich in einer Schotterfläche ablagern, dem **Sander 4**. Das Wasser fließt weiter hinab bis zum **Urstromtal 5**, einer großen und breiten Abflussbahn, in der mehrere Schmelzwasserrinnen zusammenlaufen.

Fundstück

Gletscher transportierten einst gewaltige Felsbrocken, sogenannte Findlinge, Hunderte Kilometer weit

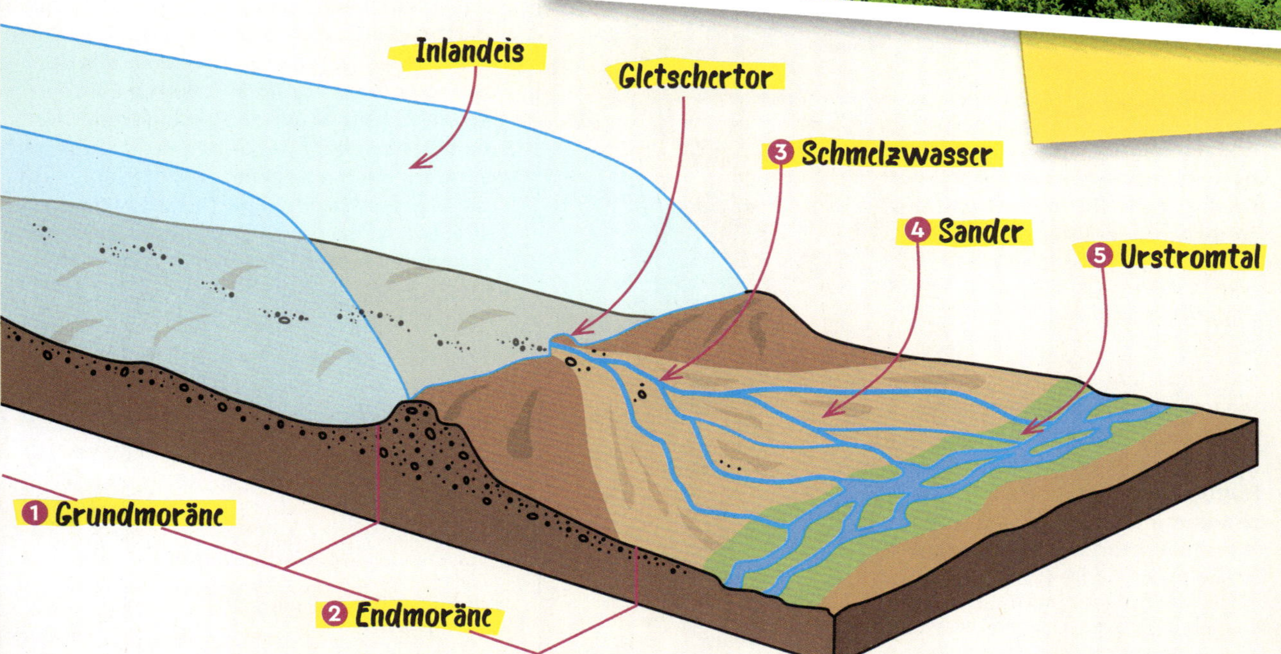

LEBEWESEN

Pflanzen

Auf den ersten Blick erscheint die eiszeitliche Pflanzenwelt wortwörtlich überschaubar: Weite Teile Europas, Asiens und Nordamerikas sind **Steppe** – also von Kräutern und Gräsern bedeckt. Nur besonders widerstandsfähige Pflanzenarten können sich in dem rauen Klima mit nur kurzen Sommern behaupten und blühen dabei regelrecht auf. Dauerfrost verhindert in den nördlichen Regionen, dass Bäume Wurzeln schlagen können. In Mitteleuropa wachsen zumindest **Birken**. Weiter südlich, bis an den Alpenrand, finden sich Kiefernwälder. Sommergrüne Laubbäume wie Eichen und Buchen kommen erst in Südeuropa vor, wo das Klima ausreichend mild ist. Dennoch gibt es während der Kaltzeit vermutlich auch Regenwälder, etwa rund um den Amazonas. Diese fallen allerdings deutlich kleiner als heute.

Tiere

Wollnashörner, Höhlenlöwen, Mammuts und andere Giganten haben während der letzten Kaltzeit ihren großen Auftritt. Kein Wunder: Die **Riesensäuger** sind etwa durch eine dicke Fettschicht oder dichtes Fell perfekt gegen Kälte gerüstet. Die Pflanzenfresser unter ihnen finden in den weiten Steppen massenhaft Grünfutter. Fleischfresser wie Säbelzahnkatzen sind groß, kräftig und dank ihrer **XXL-Beißer** perfekt ausgestattete Jäger. Doch gerade die Riesentiere, die so gut an kaltes Klima und karge Landschaften angepasst waren, trifft die rasche Erwärmung zum Ende der Eiszeit hart. Der Klimawandel lässt ihre Lebensräume schwinden. Außerdem machen Menschen Jagd auf jedes Lebewesen, das ihnen vor den Speer, die Schleuder oder Pfeil und Bogen läuft. Zum Ende der Kaltzeit kommt es deshalb zu einem Massenaussterben: Schätzungsweise mehr als 80 Prozent der Tiere ab 100 Kilogramm Körpergewicht verschwinden.

Präriemammut

Riesenwombat

Riesengürteltier

Säbelzahnkatze

Mensch

Menschen

Den modernen Menschen, den *Homo sapiens*, gibt es seit 300 000 Jahren auf der Erde. Doch erst während der letzten Eiszeit, die aus Sicht der Menschheitsgeschichte mit der **Altsteinzeit** zusammenfällt, erobert er den Planeten: Durch den niedrigen Meeresspiegel sind viele Landverbindungen entstanden. Vor 100 000 Jahren beginnen unsere Vorfahren deshalb damit, von Afrika aus alle Kontinente außer der Antarktis zu besiedeln. Sie leben als **Jäger** und Sammler, machen Feuer, schnitzen Werkzeuge, bauen Waffen und schaffen Kunstwerke. Als der *Homo sapiens* vor 45 000 Jahren Europa erreicht, trifft er auf den Neandertaler. Beide Menschenarten leben nicht getrennt, sondern auch miteinander. Trotzdem stirbt der Neandertaler einige Tausend Jahre später aus. Bis heute geblieben ist nur der moderne Mensch – also wir.

Bevölkerungsentwicklung in Europa

(Schätzungen)

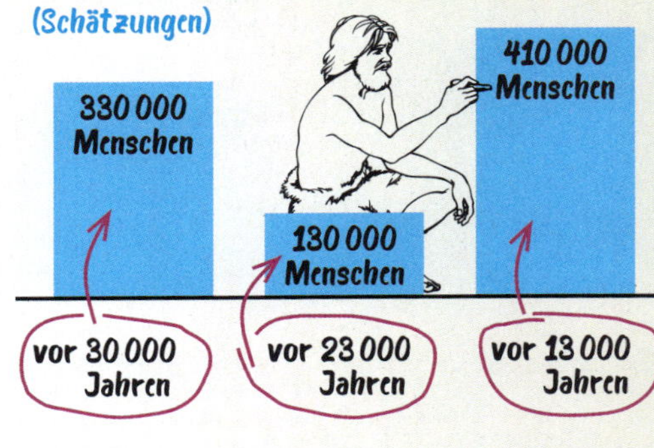

FORSCHUNG

Dass das Klima nicht immer mehr oder weniger gleich geblieben ist, wissen Forschende erst seit Beginn des 19. Jahrhunderts. Seither untersuchen sie die Spuren vergangenener Eiszeiten. Zum Beispiel liefern Findlinge (siehe Foto Seite 19) Hinweise, wie weit die Gletscher damals vorgedrungen waren. Fachleute untersuchen außerdem die Schichten des Erdreichs, darin eingeschlossene Pflanzenreste oder jahrtausendealte Knochen. Andere schauen noch genauer hin – und ermitteln etwa die chemische Zusammensetzung von Luftbläschen in uraltem Eis (mehr dazu ab Seite 34). All die Forschungsergebnisse tragen dazu bei, dass wir immer wieder Neues über das Leben auf der Erde während der letzten Kaltzeit erfahren. Dabei arbeiten die Wissenschaftlerinnen und Wissenschaftler in ganz unterschiedlichen Fachrichtungen und Berufen. Ein paar davon stellen wir euch hier vor:

Geophysiker

schauen in das Erdinnere, vermessen, wie sich **Erdplatten** verschoben haben, und berechnen, wie sich das auf das Klima ausgewirkt hat

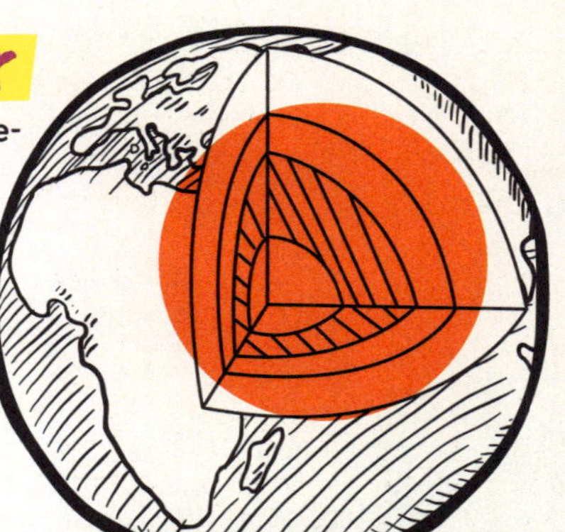

Archäologen

suchen nach Gegenständen und **Knochen**, die die Menschen vor Jahrtausenden zurückgelassen haben. Dafür müssen sie bisweilen mehrere Meter tief graben

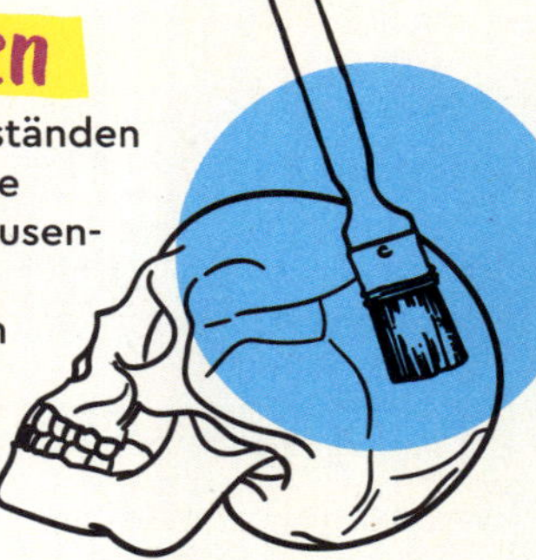

Glaziologen

erforschen das Eis in Gletschern, um herauszufinden, wie sich das **Klima** im Laufe der Jahrmillionen verändert hat

Geologen

erkennen anhand von **Gesteinsspuren**, wie das Klima die Landschaft geformt hat – von feinen Sandschichten bis zu großen Felsbrocken

Zoologen

sind Tier-Experten. Oftmals haben sie sich auf einzelne Gattungen oder **Arten** spezialisiert – zum Beispiel auf Mammuts

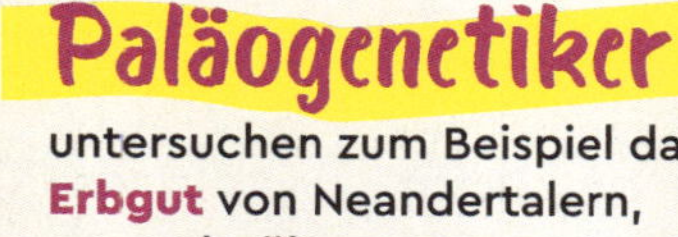

Paläogenetiker

untersuchen zum Beispiel das **Erbgut** von Neandertalern, um mehr über unsere frühen Verwandten zu erfahren

GLETSCHER

Schnee von gestern

Wo sie den Berg hinabwalzen, bleibt buchstäblich kein Stein auf dem anderen: Gletscher formen die Landschaft der Erde seit **Jahrmillionen**. Lest, wie sie entstehen, wie schnell sie unterwegs sind – und weshalb sie derzeit besonders schnell schmelzen

Text: Simone Müller

Großes Getöse: Auf der norwegischen Insel **Spitzbergen** münden viele Gletscher wie der Monacobreen in den Atlantik (rechts). Dabei stürzen dicke Brocken ins Meer, der Gletscher »kalbt« (großes Foto). Das **Eis** lärmt dabei unter Wasser wie ein Presslufthammer, weil darin eingeschlossene Luftblasen beim Schmelzen platzen

Mal überzieht sie eine glatte, glitzernde Schneedecke, mal leuchten ihre Furchen blau oder grün, manche türmen sich kilometerdick auf: Etwa 200 000 Gletscher überziehen die Erde heute mit ihrem Eis – immerhin mehr als ein Zehntel der Landfläche. Allein der mächtigste aller Gletscher, der Lambertgletscher in der Antarktis, bedeckt eine Fläche größer als die Schweiz. Eis in Massen, unvorstellbar, uralt. Denn die Flocken, die den mächtigen Eispanzer bilden, sind zum Teil bereits während der letzten Kaltzeit auf die Erde gerieselt.

Wie entstehen Gletscher?

Gletscher entstehen überall dort, wo mehr Schnee fällt als schmilzt oder verdunstet und sich in einem Bergkessel sammelt. Dabei drücken frische Flocken älteren Schnee mit ihrer Last zusammen. Bisweilen schmilzt er sogar und gefriert erneut. So bildet sich kompakter Firnschnee, aus dem im Lauf der Zeit zunächst Firneis entsteht und schließlich festes Gletschereis. Um rund einen Meter davon zu bilden, müssen etwa zehn Meter Neuschnee fallen.

Warum leuchten manche Gletscher blau?

Schwebt Neuschnee in lockeren Flocken zu Boden, schließt er in den Hohlräumen zwischen den Kristallen viel Luft ein. Die Schneeschicht erscheint deshalb weiß. Gletschereis hingegen ist so sehr zusammengepresst, dass ▸

GEOlino extra Fotos: imago (l.); shutterstock (r.)

Hereinspaziert! Im Bauch vieler Gletscher verbergen sich gigantische **Höhlen**. Bestaunen sollte man die funkelnden Eiskammern aber nur während geführter Touren – vielerorts herrscht Einsturzgefahr!

es nahezu keine Luft mehr enthält. Deshalb wirft es nur die blauen Anteile des Sonnenlichts zurück: Es schimmert blau. Damit sieht Gletschereis bisweilen nicht nur aus wie ein Fluss – es strömt tatsächlich auch ins Tal.

Wie schnell kann Eis fließen?

Nicht so schnell wie Wasser natürlich, eher wie extrem zäher Honig. Bisheriger Rekord: mehr als 130 Meter am Tag bei einer Laufzeit von drei Monaten. Das schaffte im Jahr 1953 der Kutiahgletscher im Karakorum-Gebirge in Zentralasien. Forscher bezeichnen solche Vertreter auch als „galoppierende Gletscher". Wobei – gleitende Gletscher würde es besser treffen. Genau so bewegen sich die Eisriesen nämlich fort: Der Druck der oberen Schnee- und Eisschichten auf die untersten Eiskörner ist so groß, dass diese anfangen zu schmelzen. Gut geschmiert, flutschen Gletscher schließlich ähnlich wie Skier auf Schnee über den Untergrund. Mit einer Wucht, die ganze Landschaften formt!

Wie stark sind Gletscher?

Mit einem Druck von 5000 Tonnen pro Quadratmeter schabt das Eis über das Gestein. Das entspricht dem Gewicht von mehr als 260 voll besetzten Linienbussen! Auf ihrem Weg bergab hobeln die Eiszeit-Giganten tiefe Täler oder steile Fjorde aus dem Boden. Mitgeschleppte Steine und Sand schmirgeln den Untergrund wie Schleifpapier und feilen Bergkuppen glatt. Dicke Felsbrocken aus Skandinavien schaffen es per „Gletscher-Taxi" Hunderte Kilometer weit bis nach Mitteldeutschland. Sichtbar wurde all das aber erst, als die Warmzeit begann – und die Eispanzer schmolzen.

Ist es normal, dass die Gletscher schrumpfen?

Dass Gletscher wachsen und wieder schmelzen, gab es immer schon. Etliche Eiszeiten haben die Erde im Lauf von Jahrmillionen immer wieder erstarren ▸

Aufbau eines Gletschers

1 Nachschub an Neuschnee erhält ein Gletscher vor allem in den höher gelegenen Teilen, **Nährgebiet** genannt. Dort fällt mehr Schnee als abschmilzt.

2 Unterhalb der Schneegrenze, im wärmeren **Zehrgebiet**, braucht der Gletscher seine Eisvorräte auf. Wenn dort im Sommer mehr Eis taut als im Winter im Nährgebiet entsteht, schrumpft der Gletscher.

3 Am linken und rechten Rand schleift das Eis Schutt- und Geröllmassen ins Tal, sogenannte **Seitenmoränen**. Das auf der Gletscherunterseite mitgeführte Gestein der Grundmoräne schabt tiefe Rillen in den Untergrund.

4 Wegen seiner Form heißt der untere Teil eines Gletschers **Gletscherzunge**. Oft ist sie zerfurcht. Die tiefen Spalten entstehen, wenn die Eismassen über Stufen im Fels fließen und dabei aufbrechen.

5 Wie eine Höhle wölbt sich das **Gletschertor** am Ende der Zunge, aus der ein Strom aus Schmelzwasser schießt. Weil dieses fein gemahlenes Gestein enthält und deshalb sehr trüb ist, nennt man es Gletschermilch.

6 Der Gletscherbach mündet in den **Gletschersee**, dessen Wasser oft grau und trüb erscheint.

GEOlino extra Fotos: imago

Ende eines Eisriesen

Weltweit sorgt der Klimawandel dafür, dass sich Gletscher verdünnisieren – im Wortsinn. Der **Triftgletscher** im Gadmental der Schweizer Alpen beispielsweise hat in weniger als 20 Jahren mehr als zwei Kilometer seiner Eismassen verloren, wie diese Fotos zeigen. Bis Ende des Jahrhunderts könnte er komplett verschwunden sein.

und Warmzeiten sie wieder auftauen lassen. Doch derzeit schrumpfen die Gletscher besonders rapide: Autos, Fabriken und Kraftwerke pusten viel zu viele klimaschädliche Gase wie Kohlendioxid (CO_2) in die Luft, und das seit rund 150 Jahren. Die Erdatmosphäre heizt sich dadurch auf, das Eis taut schnell. Forscher haben errechnet, dass etwa die Alpen mehr als die Hälfte ihrer 5000 Gletscher bis zum Jahr 2050 verlieren werden.

Was passiert, wenn Gletscher schmelzen?

Gletscher und Eisberge speichern fast drei Viertel des Süßwassers der Erde wie gigantische Tanks. Taut das Eis, könnte das Schmelzwasser Täler überfluten, etwa im Himalaya, in den Anden oder in den Alpen. Wachsen die Gletscher dann nicht nach, versiegt das Wasser bald. In vielen Regionen der Erde werden Menschen unter Trockenheit leiden. Außerdem reicht das Eis der Gletscher bis tief ins Gestein und hält Boden und Felsen zusammen wie Klebstoff. Schmilzt dieses Eis, könnten ganze Berghänge ihren Halt verlieren, ins Tal stürzen und Dörfer unter sich begraben. An einigen Orten in den Alpen packen Forscher die Eismassen deshalb im Sommer unter weiße Planen, die die Gletscher vor der Sonnenhitze schützen sollen.

Helfen Rettungsdecken den Gletschern wirklich?

Auf lange Sicht bringt es nichts, die „schlafenden Riesen“ zuzudecken. So nennen Expertinnen und Experten Gletscher auch, weil sie sehr träge auf Veränderungen des Klimas reagieren. Es ist nämlich so: Das CO_2, das Gletscher derzeit über die Klimaerwärmung zum Schmelzen bringt, wurde vor rund 50 Jahren in die Luft geblasen. Das heißt, selbst wenn wir von heute auf morgen aufhörten, Kohle und Öl zu verbrennen, taute das Eis weiter. Statt Decken brauchen Gletscher viel eher eine Art Mini-Eiszeit: kühle und feuchte Sommer, mindestens 200 Jahre lang. ▪

Um ganze zwei Kilometer ist das Mer de Glace (auf Deutsch: »Eismeer«) in den vergangenen 150 Jahren geschrumpft. **Touristen** können den Alpengletscher in Frankreich nur noch über eine steile Treppe erreichen – und Jahr für Jahr kommen weitere Stufen hinzu

Fotos: Françoise Funk-Salami/Sammlung Gesellschaft für ökologische Forschung (o.); 2/shutterstock (u.)

Zahlen, bitte!

-89,2

Grad Celsius! So tief ist die tiefste Temperatur auf der Erde – gemessen in der Antarktis. Im Weltraum wird es deutlich frostiger. Den **Kälterekord** hält dort der 5000 Lichtjahre von der Erde entfernte Boomerang-Nebel mit minus 272 Grad Celsius.

Bis zu **3** Meter hoch wuchsen **Riesenkängurus** in Australien während der letzten Eiszeit.

1 bis vier Prozent unseres Erbgutes entstammen dem **Neandertaler**. Vor rund 50 000 Jahren zeugten er und der moderne Mensch *(Homo sapiens)* gemeinsame Nachkommen.

100-prozentig sicher sind sich Forscher, dass unserem Planeten wieder eine Eiszeit bevorsteht – allerdings erst in Tausenden oder Zehntausenden Jahren. Denn: Die Temperaturen auf der Erde hängen vom Abstand und von der Neigung der Erdachse zur **Sonne** ab (mehr dazu ab Seite 16).

4

Kilometer pro Stunde – in diesem Tempo rieseln **Schneeflocken** auf die Erde herab.

32 000

Jahre liegt die Erfindung des Feuerzeugs zurück: Damals schlugen die Menschen Pyrit und **Feuerstein** aneinander, bis Funken sprühten. Mit diesen entzündeten sie trockenes Material wie Zunderschwamm, einen Pilz. Dank des wärmenden Feuers konnten sie auch in kälteren Gegenden überleben.

38,04

Meter maß der höchste **Schneemann**. Er wurde im Februar 2020 in der österreichischen Dachstein-Region aus rund 800 Tonnen Schnee errichtet.

28

Bis zu 28 Zentimeter maßen die **Eckzähne** der Säbelzahnkatzen. Damit waren sie etwa so lang, wie dieses Heft hoch ist.

125

Kugeln Eis stapelte der Italiener Dimitri Panciera auf nur einer **Waffel**. (Speise-)Eisrekord!

GUTE NACHRICHT

31 000

Jahre lang schlummerten **Samen** des Nelkengewächses *Silene stenophylla* in Sibirien unter einer gefrorenen Bodenschicht in 38 Meter Tiefe. Ein österreichisches Forschungsteam konnte die Samen im Labor wieder zum Leben erwecken: Die Wissenschaftler und Wissenschaftlerinnen zogen aus dem Gewebe Setzlinge, pflanzten sie ein – und brachten das Kraut sogar zum Blühen!

17

Arten von **Eiskristallen** unterscheiden Forscherinnen und Forscher. Einige davon entstehen allerdings nur künstlich im Labor.

335

Milliarden Tonnen Eis verlieren die weltweit rund 19 000 **Gletscherregionen** jedes Jahr. Das ist etwa dreimal so viel, wie alle Alpengletscher zusammen besitzen.

1856

fanden Grubenarbeiter **Knochen**, die sie erst für die Gebeine eines Höhlenbären hielten. Johann Carl Fuhlrott, ein Lehrer aus Elberfeld bei Wuppertal, behauptete hingegen: Sie gehören zum Skelett eines Menschen. Er hatte recht! Es waren die Knochen eines Neandertalers.

400

Jahre lang, von Anfang des 15. Jahrhundert bis ins 19. Jahrhundert hinein, herrschte die **Kleine Eiszeit** – mit oft langen, besonders kalten Wintern und nassen, kühlen Sommern.

40

Jahre alt wurden die Menschen während der Eiszeit maximal – sowohl die Neandertaler als auch die modernen Menschen.

840

Bis zu 840 Euro kostet ein Kilogramm in Sibirien ausgegrabenes **Mammutelfenbein** umgerechnet auf dem Schwarzmarkt. Der Handel damit ist international verboten.

Freund oder Feind? Als die **Menschenarten** Neandertaler (links) und *Homo sapiens* (rechts) aufeinandertrafen, tauschten sie sich oft friedlich aus. Doch manchmal bekämpften sie sich auch

VERHÄNGNISVOLLE BEGEGNUNG

Weshalb es heute keine Neandertaler mehr gibt

Wilde Tiere, Hitzephasen, Kühlschrankklima – all das kann den Neandertalern zunächst nur wenig anhaben. Rund 300 000 Jahre lang leben sie erfolgreich in Europa und Asien. Doch dann treffen sie auf den modernen Menschen, den ***Homo sapiens****. Kaum 5000 Jahre später sind sie verschwunden. Wie konnte das geschehen?*

Text: ***Verena Linde*** Illustration: ***Benoît Clarys***

Säße ein Neandertaler neben euch im Kino, ihr würdet es kaum bemerken. Er wäre etwas kleiner als der Durchschnittsmensch, breiter gebaut, mit vorspringenden Augenbrauenwülsten, flacher Stirn und großer Nase. Aber die Gemeinsamkeiten zwischen euch, dem modernen Menschen, wissenschaftlich *Homo sapiens,* und ihm, dem *Homo neanderthalensis,* würden deutlich überwiegen.

Beide Menschenarten entwickelten sich aus dem Urmenschen *Homo erectus* – dem ersten, der wie ein moderner Mensch gehen konnte. Er stammt aus Afrika. Einige seiner Art wanderten nach Asien und Europa aus. In Afrika entwickelte er sich zum *Homo sapiens* weiter, in Europa zum Neandertaler. Eines Tages verließen *Homo-sapiens*-Gruppen Afrika und schwärmten in die Welt aus – auch nach Europa. Spätestens vor rund 45 000 Jahren trafen vermutlich die ersten im Westen des Kontinents auf Neandertaler. Kaum 5000 Jahre später waren diese verschwunden. Warum? Forscherinnen und Forscher haben dazu verschiedene Theorien entwickelt:

THEORIE 1:
HOMO SAPIENS SCHLEPPTE KRANKHEITEN EIN

Einige glauben, dass die modernen Menschen Viren nach Europa einschleppten, die die Neandertaler krank machten und sie sterben ließen. Die Neandertaler waren dafür anfälliger, weil es nur wenige von ihnen gab. Gerade einmal 100 000 Neandertaler lebten verstreut über Europa und Teile Asiens in Gruppen von höchstens 60 Menschen. Weil sie nur sehr selten auf andere Clans trafen, zeugten oft Männer und Frauen aus ein und derselben Großfamilie Kinder. Dadurch litt die genetische Vielfalt, Erbkrankheiten schlichen sich ein und wurden an die Kinder weitergegeben, sodass die körpereigenen Abwehrkräfte schwächelten. Deshalb verloren sie wohl den Kampf gegen die eingeschleppten Keime. Gegen diese Theorie spricht allerdings, dass die Neandertaler-Clans sich zu selten über den Weg liefen, um sich in großer Zahl anzustecken.

THEORIE 2:
VULKANAUSBRÜCHE SCHUFEN SCHLECHTE LEBENSBEDINGUNGEN

Tatsächlich wüteten damals Vulkane in Italien und Mitteleuropa. Ihre Asche verdunkelte die Sonne am Himmel, auf der Erde wurde es dadurch spürbar kälter, Pflanzen gingen ein, Menschen und Tiere fanden weniger Nahrung. Doch: Darunter litten beide Menschenarten vermutlich gleichermaßen.

THEORIE 3:
HOMO SAPIENS ROTTETE DIE NEANDERTALER GEZIELT AUS

Der *Homo sapiens* kam, sah und siegte. Wirklich? Dass es Kriege oder zumindest Kämpfe zwischen den Alteingesessenen und den Neuankömmlingen gab, ist wahrscheinlich. Doch zeigen die Knochenfunde, dass beide Menschenarten mehr als 5000 Jahre ▸

Geschlossene Gesellschaft: Außer den anderen Clanmitgliedern trafen die Neandertaler fast niemanden – weil die **Großfamilien** weit verstreut über Europa und Teile Asiens lebten

Frauenbilder: Die Neandertalerin (links) war rund anderthalb Meter groß, breit gebaut, mit heller Haut und blauen Augen. Die **Homo-sapiens-Frau** (rechts) überragte sie deutlich, Haut und Augen waren dunkel. Beide kümmerten sich um die Kinder, unterstützten ihre Männer aber vermutlich auch beim Jagen

miteinander in Europa lebten. Hätten die modernen Menschen die Neandertaler gezielt ausrotten wollen, wäre deren Ende wohl schneller gekommen.

THEORIE 4: NEANDERTALER WAREN ZU DUMM ZUM ÜBERLEBEN

Die ersten Neandertaler-Knochen entdeckten Steinbrucharbeiter im Jahr 1856 in einem Tal nahe Düsseldorf: dem Neandertal. Die Forscher damals stellten sich unsere Verwandten als keulenschwingende Halbaffen vor – dumm, ohne Sprache und Kultur. Heute ist klar: Der Neandertaler war intelligent, sein Gehirn mindestens so groß wie das des *Homo sapiens*. Er fertigte Waffen und Werkzeuge und entwickelte etwa eine Technik, mit der er scharfe Spitzen von einem größeren Stein abschlagen konnte. Diese befestigte er mit selbst hergestelltem Klebstoff an bis zu zweieinhalb Meter langen Holzstöcken – und schuf damit tödliche Lanzen. Forscherinnen und Forscher mussten lange tüfteln, um ähnlich spitzenmäßige Klingen zu erzeugen.

Doch ob der Neandertaler sprechen konnte? Einen Beweis gibt es nicht. Allerdings besaß er ein Zungenbein, einen Knochen unter der Zunge, den man zum Sprechen braucht. Vermutlich war er körperlich in der Lage, Laute zu erzeugen und zu hören. Und in seinem Erbgut finden sich Hinweise, dass er womöglich Sätze bilden konnte. Fehlen nur noch Kunst und Kultur: Vieles spricht dafür, dass Neandertaler sich mit Federn schmückten, sich Seeadlerkrallen um den Hals hängten und Höhlenwände bemalten.

THEORIE 5: ES GAB MEHR MODERNE MENSCHEN ALS NEANDERTALER

Wer in der Überzahl ist, braucht mehr Platz, jagt mehr Wild und wird wahrscheinlich bald die Herrschaft in der Region übernehmen. Um zur größeren Gruppe zu werden, gibt es mehrere Möglichkeiten, etwa länger zu leben. Doch: Beide Menschenarten wurden ungefähr gleich alt, bis zu 40 Jahre. Denkbar wäre aber, dass Neandertaler weniger Nachwuchs bekommen haben, weil sie ihre Partner oft innerhalb des Clans wählen mussten. Und wenn eng Verwandte miteinander Kinder zeugen, kommt es häufiger zu Fehlgeburten. Der *Homo sapiens* könnte vermutlich aber vor allem deshalb in der Überzahl gewesen sein, weil immer mehr Familien aus Afrika nach Europa zogen.

THEORIE 6: DIE NEANDERTALER HABEN DEN FORTSCHRITT VERPASST

Rechnet man die Früh-Neandertaler dazu, lebte diese Menschenart ganze 300 000 Jahre in Europa. Die Funde der Forscherinnen und Forscher belegen: Ob Waffen oder Wohngemeinschaft – Neandertaler bewahrten das Bewährte und entwickelten sich kaum weiter. Erst die Begegnung mit *Homo sapiens* schien sie auf ein paar neue Ideen gebracht zu haben. Trotzdem konnten sie mit dem Fortschritt der Einwanderer nicht mithalten.

THEORIE 7: NEANDERTALER SIND GAR NICHT AUSGESTORBEN!

Kein Zweifel: *Homo sapiens* und Neandertaler begegneten sich auch friedlich, geradezu liebevoll – und zeugten miteinander Kinder. Noch heute finden sich deshalb im Erbgut von uns Europäern ein bis vier Prozent Neandertaler-Erbgut. Das bedeutet, dass die Neandertaler im Grunde gar nicht ganz ausgestorben sind! Sie leben im *Homo sapiens* fort – wenn auch zu einem geringen Teil. Die gesamte Art erlag vermutlich gleich mehreren Problemen: Sie waren in der Unterzahl, weniger fruchtbar und passten sich zu langsam an die sich verändernden Lebensbedingungen an. ■

Kluge Jäger: Neandertaler erlegten oft große Tiere. Dabei mussten sie die **Angriffstaktik** gut miteinander abstimmen. Forscher vermuten daher, dass sie intelligent waren und sprechen konnten

NACHGEBOHRT

Wie Forschende das Klima der Eiszeit weiter entschlüsseln wollen

Unser Experte
Daniel Steinhage

*Welches Klima herrschte während der Warm- und Kaltzeiten, im Lauf von Hunderttausenden Jahren? Antworten darauf verbergen sich im Eis der **Antarktis**. Um an dieses zu gelangen, wollen Forscherinnen und Forscher so tief wie nie in den gefrorenen Grund bohren. Ein Bericht über eine abenteuerliche Expedition*

Text: *Katharina von Ruschkowski*

Eingetütet: Schon während des vorangegangenen Projekts »EPICA« haben Forscher in der **Antarktis** Eis- und Schneeproben entnommen. Nun wollen sie dort noch tiefer bohren, um an besonders altes Eis zu kommen

GEOlino extra Fotos: Le Figaro Magazine/laif (l.); privat (l. o.); Karim Agabi/Eurelios/SPL (r. u.); Stefanie Peters (Karte)

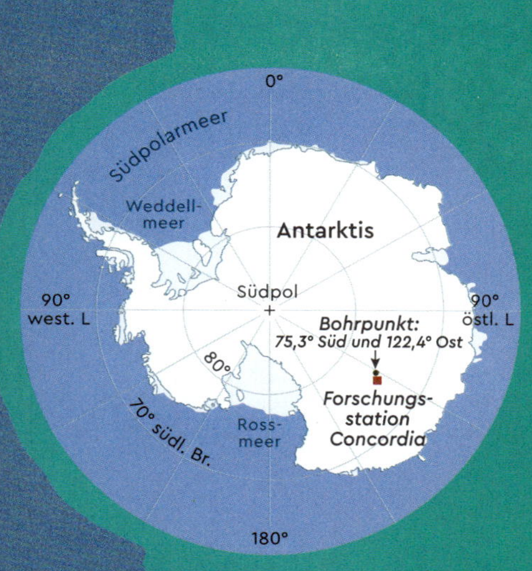

DER PERFEKTE ORT

75,3 Grad Süd, 122,4 Grad Ost: An dieser Stelle bohren die Forscherinnen und Forscher des Projekts **Beyond EPICA** ein rund 2700 Meter tiefes Loch. Hier vermuten sie besonders altes Eis, mit dessen Hilfe sie ermitteln wollen, welches Klima vor 1,5 Millionen Jahren auf der Erde herrschte

November 2019. Das Flugzeug landet an einem Ort, der aussieht, als gehöre er nicht zu dieser Welt: eine weite, blendend weiße Wüste, keine Pflanzen, keine Tiere, nirgends Spuren des Lebens.

Daniel Steinhage nimmt die letzten Stufen der Flugzeugtreppe. Eiskalt brennt der Wind in seinem Gesicht. Der 51-Jährige hat sich auf diese Expedition in die Antarktis gefreut, um die halbe Welt ist er dafür geflogen. Doch nun, am Ziel angekommen, huscht ihm dieser Gedanke durch den Kopf: „Was mache ich hier bloß?"

Steinhage, Geophysiker am Alfred-Wegener-Institut in Bremerhaven (AWI), kennt die Antwort eigentlich genau: Hier, im Osten der Antarktis, soll er besonders altes Eis und damit den perfekten Ort für das Projekt „Beyond EPICA" finden. Später wollen seine Kolleginnen und Kollegen dort Tausende Meter tief in den eisigen Grund bohren. Je weiter sie vorstoßen, desto älter ist das Eis. Denn es entstand im Lauf von Hunderttausenden Jahren aus Schneeflocken, die auf die Erde rieselten und sich Schicht für Schicht aufstapelten – wie bei einem Baumkuchen. Der Schnee wurde schließlich zu dichtem, kilometerdickem Eis. Darin lagern Staubkörnchen und Luftblasen. Für die Wissenschaftler sind es „Zeitkapseln", die ihnen verraten, wie das Klima in der Vergangenheit aussah (mehr dazu im Kasten auf Seite 37).

Daniel Steinhage und all die anderen Forscherinnen und Forscher wollen mithilfe des Eises rund 1,5 Millionen Jahre zurückschauen. Und sie wollen herausfinden: In welchem Tempo wechselten einst Kalt- und Warmzeiten? Um diese Frage zu beantworten, müssen Dutzende Wissenschaftlerinnen und Wissenschaftler aus zehn Ländern sowie Tonnen von Proviant, Material und Ausrüstung ans andere Ende der Welt reisen – und ankommen …

Als das Flugzeug verschwunden ist, durchkramt Daniel Steinhage das Gepäck. Tatsache: Teile der wichtigsten Antenne für die Messungen sind irgendwo auf der langen Anreise liegen geblieben. „Mist!", entfährt es ihm. Der Zeitplan ist eng. Nur zwischen ▸

Zuhause auf Zeit: Daniel Steinhage und seine Kollegen leben in der **Forschungsstation** »Concordia«

November und Februar, wenn die Sonne nicht untergeht, können Forscherinnen und Forscher hier arbeiten. Hoffentlich kommen die fehlenden Antennenteile mit einem der nächsten Flugzeuge nach!

Die Wartezeit verbringen Daniel Steinhage und der Rest des Teams in der „Concordia", einer französisch-italienischen Forschungsstation. Sie liegt auf einem Eisplateau namens Dome C auf 3233 Meter Höhe. Wie gewaltige Konservendosen ragen ihre beiden Türme empor – der eine Herberge, der andere Hightechlabor. Die Luft ist so dünn, dass Daniel Steinhage anfangs das Atmen schwerfällt. Er ist darum froh über die Pause, genießt das gute Essen und die besondere Atmosphäre in der Concordia. „Man ist sich fremd – und doch so vertraut miteinander, weil alle ein Ziel haben: diesen Flecken Erde und damit die Welt besser zu verstehen", sagt der Geophysiker.

Fünf Tage später: Fünf Männer, die Astronauten gleichen, verlassen die Station. Sie tragen Daunenanzüge, dicke Stiefel, Handschuhe. Sie können das Eis jetzt vermessen: Die fehlenden Antennenteile sind angekommen!

Knirschend graben sich die Pistenraupen, in denen die Männer Geräte und anderes Material verstaut haben, durch den Schnee. Das Messgebiet ist etwa 35 Kilometer von der Concordia entfernt. Die Sonne lässt das Eis funkeln. Windstille. Nur 20 Grad unter null. „Hitze", scherzen die Männer und schälen sich aus den Anzügen. Ihre Handschuhe aber legen sie nicht ab. Zu groß ist die Gefahr, sich bei der Arbeit im Eis Erfrierungen zu holen.

Außerdem ist die Antarktis launisch. Manchmal schlägt das Wetter binnen Minuten um, Stürme und dichte Nebel ziehen auf. Daniel Steinhage hat es bei früheren Expeditionen erlebt. „Es ist, als würde dir jemand einen Eimer auf den Kopf setzen", erzählt er. Plötzlich sei da kein Boden mehr, kein Himmel. Nur Weiß. Mancher schon irrte bei solchen Bedingungen in den Tod.

In diesem Dezember 2019 aber halten Wetter und Ausrüstung. Nur Tage nach Beginn der Messungen sendet das Team Daten an die Leitung des Projekts. Diese bestimmt den Bohrpunkt: 75,3 Grad Süd, 122,4 Grad Ost.

Ab diesem Jahr werden sich Daniel Steinhages Kollegen und Kolleginnen dort Stück für Stück in den gefrorenen Grund vorarbeiten. Ihr röhrenförmiger Bohrer, den sie ins Eis drehen, ist an der Unterseite mit scharfen Messern besetzt. Um einen Kern aus Eis herum schraubt er sich in die Tiefe, Meter für Meter. Von den gewonnenen Eiskernen wird das Team stets nur eine Hälfte mit in die Labors nehmen, um sie zu untersuchen; die andere bleibt in der Antarktis – quasi als Sicherungskopie. Denn sollten während des Transports Kerne schmelzen, gingen wichtige Kapitel Klimageschichte verloren, vielleicht für immer.

Daniel Steinhage hat von seiner Expedition vor allem eines mitgebracht, erzählt er: das Gefühl, einen fremden Planeten betreten zu haben, ohne die Erde zu verlassen. ■

Stück für Stück frisst sich der **Kernbohrer** durch das Eis – und bringt es in Form von 3,50 Meter langen Zylindern an die Oberfläche

WAS EISBOHRKERNE ÜBER DAS KLIMA VERRATEN

Fast alles Wissen über das Klima vergangener Zeiten stammt aus Eisbohrkernen, zylinderförmigen, meterlangen Eisproben. Sie sind frostige **Archive**: Im Eis eingeschlossen sind Hunderttausende Jahre alte Luftbläschen. Forscherinnen und Forscher untersuchen, welche Gase in diesen Luftbläschen stecken – und wie viel davon. So können sie ermitteln, wie sich die Atmosphäre, die gasförmige Schutzhülle der Erde, zu verschiedenen Zeitpunkten zusammensetzte. Und sie können erkennen, ob die Temperaturen stiegen oder sanken. Anhand im Eis eingeschlossener Schwebstoffe lassen sich sogar Meteoriteneinschläge, Waldbrände oder Vulkanausbrüche nachvollziehen. Denn auch Asche gelangte mit dem Schnee in das frostige Archiv.

Dickes Ding: An der Unterseite des Bohrers fräsen **Messer** einen Zylinder mit zehn Zentimeter Durchmesser aus dem Eis

Die einzelnen **Rohre** eines Eiskernbohrers sind zu kurz, um damit in die Tiefe vorzudringen. Deshalb wird immer ein Stück Eiskern gebohrt, herausgezogen und der Bohrer dann erneut in das tiefer gewordene Bohrloch herabgelassen

Auf Eiszeit-Reise

Herzlich willkommen bei Extra-Tours, dem Urlaubsanbieter von GEOlino! Wohin die Reise geht? Mindestens 21000 Jahre in die **Vergangenheit**! Die Erde hat damals nämlich viel mehr zu bieten als Eis und Schnee – wie diese heißen Ausflugstipps beweisen

Text: **Catharina Schulz**

Baden in der Wüste

Reiseziel: die Sahara in Afrika

Reisezeit: 50 000 Jahre vor unserer Zeit

Beschreibung: Diese Reise wird garantiert keine staubtrockene Angelegenheit! Regelmäßige Regengüsse verwandeln die Sahara phasenweise von einer Wüste in eine wahre Badeoase. Die Wasserlöcher sind randvoll, Tümpel dümpeln in einstigen Felsenmeeren vor sich hin, es entstehen riesengroße Seen. Zudem lassen die Wassermassen den einst kargen Wüstenboden im Nullkommanichts aufblühen und Bäume und Sträucher sprießen. Deshalb tummeln sich auch viele Tierarten in dem grünen Paradies. Ihr seht schon: In der Sahara gibt es vor 50 000 Jahren unfassbar viel zu entdecken! Mit etwas Glück begegnet ihr unterwegs noch einem anderen, berühmten Reisenden: dem modernen Menschen, *Homo sapiens*. Im Osten Afrikas hat er sich entwickelt – und während der letzten Kaltzeit von dort aus die ganze Welt erobert.

Tipp: Um die grüne Welle zu erwischen, solltet ihr pünktlich anreisen! Schon ein paar Tausend Jahre später landet ihr in einer Trockenphase.

GEOlino extra Fotos und Illustrationen: Shutterstock

Zu Fuß auf die Insel

Reiseziel: das Doggerland in der Nordsee

Reisezeit: 23 000 Jahre vor unserer Zeit

Beschreibung: Wo heute die Nordsee wogt, wandern Eiszeit-Urlauber trockenen Fußes umher. Doggerland – so heißt die riesige Landbrücke zwischen Großbritannien und dem europäischen Festland. Weil die Gletscher massenhaft Wasser binden, liegt der Meeresspiegel rund 130 Meter niedriger als heutzutage und ermöglicht euch, wortwörtlich auf Grund zu laufen. Beobachtet unterwegs Pferde und Rentiere, die die baumlose Landschaft abgrasen. Spürt, wie Mammutherden, Auerochsen und Steppenrinder den Boden zum Beben bringen. Genießt die Einsamkeit in der frostigen Einöde. Auf dem Höhepunkt der Eiszeit ist das Doggerland nämlich ein echter Geheimtipp – noch. Rund 8000 Jahre später streifen zunehmend Campinggäste umher. Als Jäger und Sammler bleiben sie jeweils einige Wochen an einem Ort, schlagen ihre Zelte aus Ästen und Tierhäuten auf und rollen Schlafmatten aus Birkenrinde aus. Als Reiseziel ist das Doggerland damit dann schon überlaufen ...

Tipp: Nehmt robuste Wanderschuhe mit, um in hügeligen Gebieten nicht umzuknicken.

Ab ins Grüne

Reiseziel: der Amazonas-Regenwald in Südamerika

Reisezeit: etwa 21 000 Jahre vor unserer Zeit

Beschreibung: Ein Dickicht aus Blättern und Blüten, Schlingpflanzen hangeln sich an Baumriesen empor. Die Luft ist stickig und feucht wie in einem Treibhaus. Abertausende Tierarten kreischen, quäken, trällern. Der Amazonas-Regenwald, der bereits vor Jahrmillionen entstanden ist, geht auch während der letzten Kaltzeit nicht ein. Allerdings sorgt das weit verbreitete kühle und trockene Klima dafür, dass er schrumpft und vermutlich nur noch an wenigen Flecken am Flussbecken gedeiht. Dennoch lohnt sich die Reise: Der Amazonas, heute ein kilometerbreiter, träger Strom, fällt schmaler aus – und schneller! Das Wasser donnert durch das Flussbett, schneidet tiefe Schluchten in das Gestein und stürzt als gewaltiger Wasserfall in den Atlantik. Ein berauschendes Spektakel!

Tipp: Macht unbedingt ein Foto – sonst glaubt euch keiner, dass ihr da wart!

Fernglas statt Taucherbrille

Reiseziel: Sahul auf der Südhalbkugel

Reisezeit: 50 000 Jahre vor unserer Zeit

Beschreibung: Eine Reise nach Sahul verspricht wahrhaft großartig zu werden! Wie – ihr kennt Sahul nicht? Macht nichts! Dabei handelt es sich um die zusammenhängende Landmasse aus Australien und Neuguinea. Auch hier hat der sinkende Meeresspiegel dafür gesorgt, dass sich die Landgrenzen verschieben. Deshalb könnt ihr zum Beispiel weite Teile des Great Barrier Reef, heute das größte Korallenriff der Erde, einfach erwandern. Aber nicht nur der Kontinent an sich ist riesig, sondern auch viele seiner Bewohner. Beobachtet das bis zu 1,80 Meter große Riesenkänguru, die bis zu sieben Meter lange Echse Megalania oder das bis zu 2800 Kilogramm schwere Riesenwombat – solange ihr noch könnt! Denn die Riesentiere sterben spätestens zum Ende der Kaltzeit reihenweise aus.

Tipp: Lasst euch nicht vom Beutellöwen erwischen! Das 150 Kilogramm schwere Raubtier soll in Bäumen lauern – und sich von oben auf seine Beute herabstürzen.

Snowboarden in der Heide

Reiseziel: die schnee- und eisbedeckten Gebiete der Erde

Reisezeit: ab 115 000 Jahren vor unserer Zeit

Beschreibung: Schnee und Eis lassen euch alles andere als kalt? Dann herrschen für euch während der letzten Eiszeit perfekte Bedingungen! Zeitweise ist fast ein Drittel des Planeten tiefgefroren und liegt unter bis zu drei Kilometer dicken Eisschilden. Die Gletscher breiten sich innerhalb weniger Hundert Jahre von der Arktis und Antarktis und in den Gebirgen aus, bis sie weite Teile Europas, Nordamerikas, Asiens und Japans bedecken. Falls ihr wissen wollt, wie genau es auf eurer Reise wird, müssen wir euch allerdings enttäuschen: Das Klima schwankt, bisweilen sogar sehr heftig. Veränderte Meeresströmungen sorgen dafür, dass die durchschnittlichen Temperaturen recht plötzlich um mehr als zehn Grad Celsius steigen, ein paar Jahrhunderte so bleiben und dann ebenso rasch wieder sinken.

Tipp: Ihr wollt mit extra Gletscherwissen glänzen? Dann blättert schnell auf Seite 22!

ALTE MEISTER

Warum der Mensch die Kunst erfand

*Bereits gegen Ende der letzten Eiszeit bemalen Menschen **Höhlenwände**, schnitzen Figuren oder Musikinstrumente – und schaffen etwas, das weder warm hält noch satt macht: die Kunst. Warum bloß? Forscherinnen und Forscher rätseln bis heute*

Text: ***Sarah Marquardt***

Bilder für die Ewigkeit: Die **Felsmalereien** in der Chauvet-Höhle in Südfrankreich gelten als die ältesten bekannten Höhlengemälde Europas. Weil Atemluft den Bildern schadet, ist die Höhle für Besucher nicht zugänglich. Eiszeit-Fans können die Werke in einem originalgetreuen Nachbau bewundern (Foto)

Fest umklammern Marias Finger die flackernde Lampe in ihrer Hand. Schatten tanzen über die Felswände. An diesem Tag im Jahr 1879 begleitet die Neunjährige ihren Vater, Don Marcelino Sanz de Sautuola, zum ersten Mal in die geheimnisvolle Höhle auf dessen Landgut Altamira im Norden Spaniens. Vorsichtig leuchtet Maria in eine niedrige Felskammer, in die ihr Vater kaum hineingelangt. Sie lässt den Lichtkegel nach oben wandern. **Was sie da erspäht, raubt ihr den Atem: Tiere! Urpferde, Hirsche und eine ganze Herde Wisente, in strahlendem Rot, Ockergelb und Schwarz an die Decke gemalt.** „Schau, Papa, Ochsen!", ruft das Mädchen aufgeregt.

Für den erstaunten Don Marcelino steht schnell fest: Diese Malereien müssen sehr, sehr alt sein. Gut möglich, dass sie aus der Steinzeit stammen. Don Marcelino hat in der Höhle schon Werkzeuge aus Knochen und Feuerstein gefunden, viele Tausend Jahre alt. Experten belächeln ihn. Doch als bald darauf auch in einer anderen Höhle Wandmalereien auftauchen, ist klar: Maria und ihr Vater haben tatsächlich ein Kunstwerk entdeckt, das Menschen vor rund 14 000 Jahren geschaffen haben – gegen Ende der letzten Kaltzeit! ▸

Verblüffend echt: Hufe, Hörner, Fell und Nüstern dieses Wisents aus der spanischen Altamira-Höhle lassen es beinahe lebendig wirken. Vermutlich nutzten die **Maler** vor rund 14 000 Jahren unter anderem Federn, Stöcke und die eigenen Finger als Pinsel

Die Nachricht verbreitet sich wie im Flug. Dass schon unsere Ahnen Künstler waren, ist eine Sensation – zumindest im Jahr 1879. Denn damals gehen die meisten noch davon aus, dass die Menschen als Jäger und Sammler bei kühlem Klima Wichtigeres zu tun hatten als zu malen, zu schnitzen und zu musizieren.

Heute, mehr als 130 Jahre später, weiß man es besser. Ja, Funde belegen sogar, dass der Mensch die Kunst noch früher für sich entdeckte. So fertigten unsere Vorfahren bereits vor mehr als 80 000 Jahren den ersten Schmuck an. Vor 40 000 Jahren entstanden die ältesten bekannten Höhlenmalereien.

Etwa zur gleichen Zeit begann der Mensch in Europa damit, Figuren aus den Überresten seiner Jagdbeute zu schnitzen. Archäologinnen und Archäologen der Universität Tübingen entdeckten auf der Schwäbischen Alb in Baden-Württemberg Kunstwerke aus Mammutelfenbein und Knochen. Darunter den sogenannten Löwenmenschen, ein Wesen mit Löwenkopf und Menschenkörper – alles andere als ein stümperhaftes Anfängerstück. Der Kopf ist perfekt getroffen, so zielsicher haben die Künstler die Kerben und Schnitte mit Feuerstein-Werkzeugen gesetzt. Und das schon vor 32 000 Jahren, wie die Wissenschaftler und Wissenschaftlerinnen herausfanden.

Eine Frage aber können sie bis heute nicht eindeutig beantworten: Warum begannen die Menschen überhaupt damit, Dinge zu erschaffen, die für das tägliche Überleben nutzlos waren? Die nicht wärmten. Nicht satt machten.

Eine von zahlreichen Theorien geht so: Die Bilder und Symbole, die an die Höhlenwände gepinselt wurden, waren so etwas wie Erkennungszeichen. In den Stammesgemeinschaften, die immer größer wurden, halfen sie den Menschen, sich zugehörig zu fühlen.

Möglich also, dass rund um die Altamira-Höhle Gruppen unterwegs waren, die sich „Pferdemenschen" oder „Wisentmenschen" nannten. Und die drückten den Orten, an denen sie sich aufhielten, eben ihren Stempel auf: Pferde und Wisente!

FUNDSACHE

*Unzählige **Werke** zeugen inzwischen davon, dass es bereits in der Steinzeit große Künstler gab. Hier eine kleine Auswahl:*

Name: Venus von Brassempouy
Gefunden: 1894
Fundort: Grotte du Pape bei Brassempouy in Frankreich
Alter: mehr als 21 000 Jahre
Material: Elfenbein
Größe: 3,65 Zentimeter

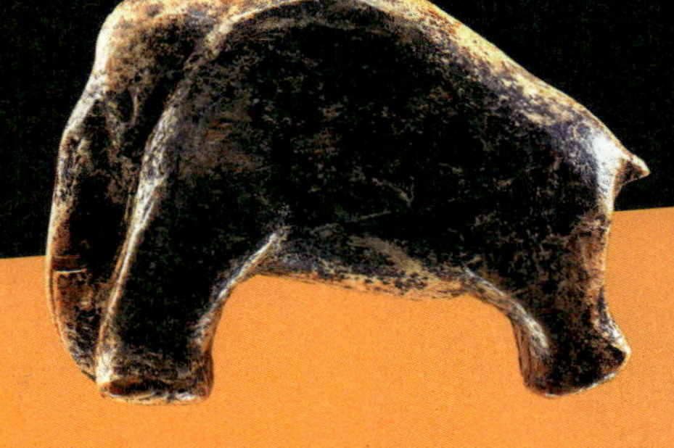

Name: Mammut
Gefunden: 2006
Fundort: Höhle Vogelherd auf der Schwäbischen Alb
Alter: etwa 35 000 Jahre
Material: Elfenbein
Größe: 3,7 Zentimeter

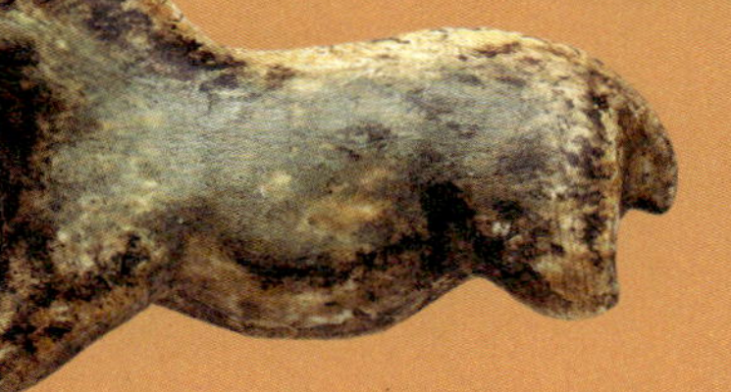

Name: Wildpferd
Gefunden: 1931
Fundort: Höhle Vogelherd auf der Schwäbischen Alb
Alter: etwa 32 000 Jahre
Material: Elfenbein
Größe: 4,8 Zentimeter

Name: Löwenmensch
Gefunden: 1939
Fundort: Höhle Hohlenstein-Stadel auf der Schwäbischen Alb
Alter: rund 32 000 Jahre
Material: Elfenbein
Größe: 28 Zentimeter

Name: Wasservogel
Gefunden: 2001/2002
Fundort: Höhle Hohle Fels auf der Schwäbischen Alb
Alter: mehr als 31 000 Jahre
Material: Elfenbein
Größe: 4,7 Zentimeter

Name: Venus vom Hohle Fels
Gefunden: 2008
Fundort: Höhle Hohle Fels auf der Schwäbischen Alb
Alter: mindestens 35 000 Jahre
Material: Elfenbein
Größe: etwa sechs Zentimeter

GEOlino extra Fotos: shutterstock (l.); bpk (r. l. o., r. l. m.); SPL (r. l. u.); dpa (r. r. o.); Dagmar Hollmann/Wikimedia Commons (r. r. m.); Ramessos/Wikimedia Commons (r. r. u.)

Tierische Kunst: Die Maler der Eiszeit verewigten auf den Felswänden vor allem **Tiere** – etwa die Wollnashörner aus der Chauvet-Höhle (oben). **Menschen** wie in dieser Jagdszene aus der französischen Höhle von Lascaux (unten) zeichneten sie eher selten

Andere Figuren könnten dagegen wohl als Erkennungszeichen für bestimmte Berufsgruppen gedient haben. Die „Venus vom Hohle Fels", eine Figur aus Elfenbein, stand vielleicht für die Hebammen. Wie man darauf kommt? Die Venus hat einen großen Busen, einen dicken Bauch und eine große Scheide – Körperteile, die für Geburt stehen. Ebenso gut könnte die Figur ein Lehrmittel gewesen sein, an dem das Kinderkriegen erklärt wurde.

Und was hat es mit den Figuren auf sich, die Unnatürliches darstellen? Der Löwenmensch von der Schwäbischen Alb etwa? So jemanden hat es, klar, auch damals nicht gegeben. Wissenschaftlerinnen und Wissenschaftler vermuten darum, dass unsere Vorfahren solche Mischwesen auch aus religiösen Gründen schufen. Vielleicht glaubten die Menschen an eine Geisterwelt, in der sie sich in Tiere verwandeln. Um mit den Verstorbenen in Kontakt zu treten, verkleidete sich ein Schamane, eine Art Priester, möglicherweise als Löwe, Wisent oder Bär. Ist der Löwenmensch demnach ein Abbild des verkleideten Schamanen? Oder handelte es sich bei den Figuren nur um Spielzeug? Und bei den Höhlenbildern um steinzeitliches Kino?

Eine eindeutige Antwort auf die Frage, warum der Mensch die Kunst erfand, wird es nie geben. Eines belegen ihre Werke jedoch allemal: Die Menschen vor vielen Tausend Jahren waren bereits so intelligent und einfallsreich wie wir. ■

GEOlino extra Fotos: Javier Trueba/MSF/SPL (o.); mauritius images (u.)

ÜBERLEBT

Für ein Leben in den arktischen Regionen sind ***Rentiere*** *bestens gerüstet. Kein Wunder, schließlich trotzten sie dem Frost schon während der letzten Eiszeit. Wie schafften sie es zu überleben – während viele andere Arten ausstarben?*

Text: ***Sarah Marquardt***

Spürnase: Rentiere erschnüffeln Flechten und Moose unterm **Schnee**. Dank eines Mund-Nasen-Schutzes aus Haaren landet dieser nicht im Maul

Kurze Bestandsaufnahme: Wen haben wir denn noch? Den Moschusochsen? Nein. Das Wollnashorn? Fehlanzeige. Das Steppenbison? Ebenfalls ausgestorben – so wie viele weitere Tierarten, die während der letzten Kaltzeit lebten. Einigen, etwa den Wollnashörnern, wurde es irgendwann schlicht zu warm. Andere, wie das Steppenbison, haben möglicherweise auch unsere jagenden Vorfahren auf dem Gewissen.

Eine Tierart allerdings beeindruckte das alles wenig – *Rangifer tarandus*. Bei uns besser bekannt als: das Rentier. Dabei schrumpfte auch dessen Lebensraum, und die frühen Menschen stellten ihm nach. Aber, so sagen Forschende: Im Gegensatz zu anderen Tierarten sind Rentiere einfach äußerst flexible Typen – und damit wahre Überlebenskünstler.

Je wärmer es im Laufe der Jahrtausende auf der Erde wurde, desto weiter verzogen sie sich in Richtung Nordpol. In manchen arktischen Regionen herrschen im Winter noch immer Temperaturen von minus 35 Grad Celsius. Für Rentiere kein Problem! Schließlich hat ihr Fell es in sich – oder besser: gerade nicht. Die außen liegenden Rentier-Haare sind innen hohl und mit Luft gefüllt. Das wärmt besser als jede Winterjacke. Ihre großen Hufe können die Tiere zudem so weit spreizen, dass sie nicht im Schnee versinken. Und sie helfen sogar bei der Futtersuche! Erschnuppern Rentiere Flechten oder Moose unter der eisigen Decke, scharren sie diese mit den Hufen frei. Und selbst nach der Mahlzeit haben sie die Schnauze nicht voll vom Schnee: Auch ihre Nasenkuppe und die Lippen sind mit Haaren bedeckt.

Irgendwann lässt sich im arktischen Winter allerdings kein Leckerbissen mehr finden. Dann machen sich fast alle Vertreter ▸

GEOlino extra Fotos: Pawel Opaska/ddp (l.); mauritius image (r.)

Langstreckenläufer: Auf der Flucht vor dem arktischen Winter legen Rentiere bis zu 5000 **Kilometer** pro Jahr zurück. So weit wandert kein anderes Landsäugetier der bis zu 20 Rentier-Unterarten auf die Hufe und wandern Richtung Süden, manchmal in riesigen Herden mit Hunderttausenden Tieren. So legen sie bis zu 5000 Kilometer zurück – jedes Jahr. Dabei schwimmen sie sogar durch Flüsse! Wie gesagt: Rentiere sind eben flexibel. Selbst im Sommer, wenn das Thermometer 30 Grad Celsius und mehr anzeigt, geraten sie nicht ins Schwitzen. Für solche Temperaturunterschiede haben Rentiere nämlich einen besonderen Riecher: In ihrer Nase sitzt ein Geflecht aus Blutgefäßen, das die Nase zu einer Art Wärmetauscher macht.

Ist es im Winter bitterkalt, heizt die Nase die eingeatmete Luft auf und kühlt sie beim Ausatmen ab. So bleibt die Wärme im Körper. Scheint die Sonne oder legt das Rentier einen Sprint hin, kühlt die Nase die Atemluft ab, sodass auch das hitzigste Rentier einen kühlen Kopf bewahrt. Genial, oder?

Die Rentiere selbst lässt all das kalt. Bei ihnen zählt nur eines: die Größe des Geweihs. Wer das Sagen haben oder die Frauenwelt beeindrucken möchte, muss es nicht unbedingt *im*, sondern vor allem *auf* dem Kopf haben. Während der Brunftzeit schart ein Männchen gleich mehrere Weibchen um sich, mit denen es sich paaren möchte. Fast jede Rentier-Dame bekommt einmal im Jahr ein Junges – noch ein Grund, warum die Tiere nicht ausgestorben sind, sagen Forschende. Sie vermehren sich einfach wie die ... nun ja, Rentiere eben. ■

Wenn sie nicht wandern, leben Rentiere in **Gruppen** von etwa 15 Tieren – getrennt nach Weibchen und Männchen. Nur zur Brunftzeit kommen sie zusammen

Rund um den nördlichen Polarkreis leben viele Menschen von der **Rentier-Zucht** – so wie dieser Hirte vom Volk der Nenzen in Jar-Sale, einem Dorf im Norden Russlands

STECKBRIEF:
RENTIERE

Allgemein: Bei Rentieren, wissenschaftlich *Rangifer tarandus*, unterscheiden Expertinnen und Experten bis zu 20 Unterarten. Sie leben alle in den arktischen Regionen rund um den Nordpol.

Größe und Gewicht: Ein Rentier kann bis zu 2,30 Meter lang und 1,20 Meter hoch werden. Die Weibchen sind deutlich kleiner als ihre männlichen Artgenossen – tragen aber ebenfalls ein Geweih.

Nahrung: Gräser, Blätter, Blumen, Flechten, Moose, Pilze – eigentlich alles an Grünzeug.

Nachwuchs: Fast jeden Frühling gebären die Hirschkühe je ein Junges. Die Kälber wiegen rund sieben Kilogramm und lernen in wenigen Stunden laufen.

Winterausstattung: Die hohlen **Haare** im Fell (rechts) wärmen Rentiere wie ein Daunenmantel. Und dank ihrer spreizbaren **Hufe** (unten) versinken sie nicht so leicht im Schnee

Kaum zu stoppen: Rentiere sind gute **Schwimmer** und durchqueren auf ihren Wanderungen sogar Flüsse

 Fotos: Dmitriy Pilipenko/ddp (l.); mauritius images (r. o., r. m. l., r. u. r.); dpa/ picture alliance (r. u. l.)

Bist du cool genug für die Eiszeit?

Irgendwann kommt sie bestimmt: eine neue Eiszeit. Ihr wollt wissen, ob ihr fit für die große ***Kältewelle*** *wärt? Dann macht den Test und findet es heraus!*

1 Los geht´s auf Eiszeit-Reise! Was packst du in deinen Koffer?

A: Mein Smartphone. Ich muss unbedingt ein Selfie mit einem Mammut machen!

B: Ohne meinen Säbelzahnteddy gehe ich nirgendwohin.

C: Feuerzeug, Taschenmesser, Schlafsack, Winterjacke, Wanderstiefel und viiieeele Müsliriegel.

2 Was ist dein Supertrick gegen Kälte?

A: Ich ziehe acht Jacken übereinander und futtere mir eine dicke Speckschicht an.

B: Nichts wie weg! Ich verziehe mich in wärmere Gefilde.

C: Augen zu und durchpennen. Wie jetzt – eine Eiszeit dauert 100 000 Jahre???

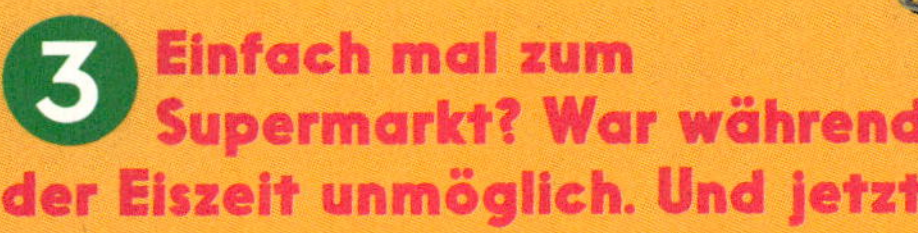

3 Einfach mal zum Supermarkt? War während der Eiszeit unmöglich. Und jetzt?

A: Ich jage und sammle mir mein Essen selbst.

B: Bevor ich ein Tier töte, verhungere ich lieber …

C: Dafür hab ich doch die Müsliriegel dabei!

4 Während der Eiszeit haben die Menschen ihre Werkzeuge selbst hergestellt. Wie steht es um dein handwerkliches Geschick?

A: Meine Handwerker-Karriere hab ich längst an den Nagel gehängt.

B: Ich kriege schon etwas zusammengezimmert. Nur schick wird´s nicht.

C: Ich baue und bastle jeden Tipp aus der GEOlino-Werkstatt nach!

5 Was ist deiner Meinung nach das coolste Überbleibsel der Eiszeit?

A: Megagroße Mammutskelette.

B: Äh, keine Ahnung. Schneemänner vielleicht?

C: Gletscher. Um sie zu erhalten, müssen wir die Klimakrise stoppen!

6 Welches Eiszeit-Lebewesen steckt in dir?

A: Riesenfaultier. Das ist nicht umsonst Mamas Spitzname für mich.

B: *Homo sapiens* natürlich.

C: Rattenhörnchen! So wie Scrat aus »Ice Age«.

7 Warum bist du trotzdem froh, nicht in der Eiszeit zu leben?

A: Vor 20 000 Jahren lag meine Heimatstadt unter einer dicken fetten Eisdecke …

B: Ich mag Eis. Allerdings nur am Stiel.

C: Ich lese gern Artikel darüber. Aber mir persönlich wäre das Leben damals zu anstrengend gewesen.

AUFLÖSUNG

Wie viele Punkte du für deine Antworten bekommst, verrät die Tabelle rechts. Zähle alle Punkte zusammen.

Meine Punktzahl: ________________

Antworten \ Fragen	1	2	3	4	5	6	7
A	3	5	5	0	3	3	5
B	0	3	0	3	0	5	0
C	5	0	3	5	5	0	3

0 BIS 12 PUNKTE

Überhaupt nicht

Bei den meisten Fragen lagst du eiskalt daneben. Offensichtlich kannst du dir nicht vorstellen, wie Menschen und Tiere mit der Kälte klargekommen sind. Hier ein heißer Tipp: Lies dieses Heft noch einmal extra gründlich durch – und frische damit dein Wissen auf.

13 BIS 25 PUNKTE

Mit Ausrutschern

Klar, es lief nicht alles glatt. Trotzdem hast du unseren Test ganz gut gemeistert! Auch wenn du nicht hundertprozentig weißt, worauf es beim Überleben in der Eiseskälte ankommt, lässt du dich von nichts so leicht abschrecken. Und das allein ist schon ziemlich cool!

26 BIS 35 PUNKTE

Eiskalt abgeräumt

Neben dir sieht selbst ein Neandertaler alt aus! So locker-flockig wie du die Fragen beantwortet hast, beweist du, dass du echt Ahnung von der Eiszeit hast. Darüber hinaus bist du auch mutig, kreativ und geschickt genug, um einfach immer einen kühlen Kopf zu bewahren.

GEOlino extra Fotos: Shutterstock; Vecteezy

Kaltstart: Wenn in der Nacht das Feuer im **Zelt** erlischt, fällt es Eiszeit-Mädchen Aya morgens schwer, unter der warmen Decke aus Rentierfell hervorzukriechen

Ein Tag in der EISZEIT

Gegen Ende der letzten Eiszeit, vor rund 15 800 Jahren, sieht es am Mittelrhein ganz anders aus als heute. In der weiten, öden Steppe lebt die elfjährige Aya mit ihrem ***Clan****. Wir haben sie begleitet – an einem Tag, der nicht gerade gut beginnt …*

Text: Dela Kienle Illustration: Thilo Klüppel

B am-bam-bam-bam …“ Regen platscht aufs Zeltdach. Er klingt fast wie die Trommel, die die Großmutter abends am Feuer schlägt. Doch jetzt ist es Morgen – und Aya öffnet verschlafen ihre Augen. Vorsichtig schiebt sie ihren kleinen Bruder Ilo zur Seite, der sich nachts gern an sie kuschelt. Unter der Decke aus Rentierfell ist es mollig warm, aber die Luft im großen Zelt ist eisig kalt. Aya kann ihren Atem sehen. Dabei ist es gerade einmal Herbst, noch wächst draußen auf der Steppe Gras, noch sprießen Pilze und Beeren. Rasch schiebt Aya die Gedanken an den Winter mit seiner grimmigen Kälte beiseite. Sie sind nicht der Grund, warum sich das Mädchen an diesem Morgen so elend fühlt.

N ach unserer Rechnung wäre Aya elf Jahre alt. Aber vor rund 15 800 Jahren zählte man noch keine Geburtstage. Und „Aya“ ist ein erfundener Name, denn wir wissen nicht, wie die Menschen damals hießen. Woher auch? Es gab ja noch keine Schrift, mit der die Eiszeit-Jäger von ihrem Leben berichten konnten. Trotzdem haben Forscherinnen und Forscher vieles herausgefunden: Sie wissen, dass damals eine extreme Kaltphase abklang und das Klima wieder milder wurde – zum Beispiel am Mittelrhein, wo Ayas Geschichte spielt. Damals zogen ▸

Wo steckt Delgo? Aya hält Ausschau nach ihrem Hund, der seit Tagen verschwunden ist. Doch in der kargen **Steppe** grasen bloß ein paar Hirsche und Bisons

Clans von 20 bis 30 Personen gemeinsam umher, auf den Spuren von Wildpferd- und Rentierherden. Die waren ihre wichtigste Beute. Forscherinnen und Forscher haben Lagerplätze aus teils mehreren Rundzelten entdeckt. Sie hatten einen Durchmesser von bis zu acht Metern, und ihr Boden war mit Steinen gepflastert. Noch heute findet man Löcher, in die die Eiszeit-Jäger damals Holzpfosten einschlugen. Sie dienten als Gerüst für „Zeltplanen" aus Fellen und Tierhäuten. Jede Behausung bot Platz für eine Großfamilie – wie die von Aya.

Unglücklich kriecht das Mädchen unter seiner Decke hervor. Ihr Vater, Onkel Namu und Cousin Ezuk sind seit drei Tagen mit den anderen Männern bei der Jagd. Aya und ihr Bruder sind mit den Frauen allein im Zelt. Ihre Großmutter, die alte Weise, schläft noch; Tante Brigga kramt fürs Frühstück getrocknetes Fleisch und Heidelbeeren hervor. Und Ayas Mutter kniet vor der Feuerstelle. Die Glut ist über Nacht erloschen, auch wenn die Familie versucht, das zu vermeiden. „Komm, Aya!", sagt die Mutter. „Zeig mal, wie gut du Feuer machst!" Es dauert ein Weilchen. Aya schlägt Feuerstein und Pyrit aneinander, bis Funken stieben. Sie entzünden den Zunderschwamm, einen speziellen Pilz. Aya pustet, gibt trockenes Gras dazu – und freut sich, als die

So jagten die Eiszeit-Menschen

Wo es möglich ist, fangen die Menschen gegen Ende der Eiszeit Fisch. Sie stehen am Ufer, im Wasser oder in einem Einbaum, einem Boot. Schwimmt ein großer Fisch vorbei, etwa ein Hecht oder Wels, stößt der Jäger mit einer spitzen **Harpune** zu. An der Küste jagen sie so auch Robben.

Kleinere Tiere wie Eisfüchse, Schneehasen und Schneehühner töten die Eiszeit-Menschen mit **Steinschleudern.** Diese bestehen aus einem langen Lederstreifen, der Stein ruht in einer Ausbuchtung in der Mitte. Dann schwingt der Jäger die Schleuder herum, lässt ein Ende los – und der Stein zischt heraus.

Die wichtigste Waffe damals ist die **Speerschleuder.** Sie besteht aus einer hakenförmigen Halterung, in die der eigentliche Speer eingelegt wird. Mithilfe der Schleuder lässt sich der Speer bis zu 150 Meter weit werfen – ideal, um Rentiere, Pferde und Saiga-Antilopen zu erlegen.

Flammen züngeln und die Mutter anerkennend nickt. Doch gleich darauf verdüstert sich Ayas Miene wieder. „Ich mache mir solche Sorgen!“, sagt sie. „Delgo ist jetzt schon drei Nächte lang verschwunden!“ „Dann musst du ihn suchen“, rät die Mutter.

Delgo ist Ayas Hund. Als Welpe war er schwer krank, und Aya hat ihn gesund gepflegt. Seitdem sind die beiden unzertrennlich. Delgo ähnelt einem Wolf, wie alle Hunde des Clans. Die Tiere wurden vor vielen Generationen gezähmt. Sie helfen bei der Jagd und leisten den Menschen Gesellschaft. Für Aya ist Delgo ein echter Freund. Und deshalb muss sie ihn heute finden!

Der Regen hat aufgehört, als das Mädchen aus dem Zelt krabbelt. Vor ihm erstreckt sich die weite Steppe, auf der Gräser, Moose und Flechten wachsen. Nur in windgeschützten Tälern stehen einzelne Kiefern und Birken.

Auch die anderen Familien sind wach. Die magere Haibe steht schon an einer Kochgrube, einem Loch, das mit Leder ausgelegt ist. So kann das Wasser nicht versickern, das Haibe hineingeschüttet hat. Sie kocht Knochen aus, für eine nahrhafte Suppe. Im Feuer nebenan glühen Steine, die Haibe nun vorsichtig in die Brühe bugsiert. Mit jedem Stein wird diese etwas heißer. Es ist mühsam – doch damals gibt es noch keine Töpfe, mit denen ▸

die Menschen direkt auf dem Feuer kochen können. „Guten Morgen, Aya, wo gehst du hin?“, krächzt Haibe. „Willst du mir helfen?“ „Heute nicht!“, ruft Aya.

Sie läuft und läuft: zum Sonnenhang, wo sie oft Krähenbeeren, Sanddorn oder Löwenzahn pflückt. Zum breiten Fluss mit seinen Inseln und Sandbänken. Weiter zu den Weiden, wo ihr Clan Ruten zum Korbflechten schneidet. Und sie kraxelt hinauf auf die Anhöhe – auch wenn der Ort sie traurig macht: Dort wurde im vergangenen Herbst Ayas Schwester begraben. Damals sterben viele Kinder, und die Erwachsenen werden kaum älter als 30 oder 40 Jahre.

Etwas entfernt sieht Aya den alten Rokal. Er hinkt, seit ihn ein Bär verletzt hat. Statt zu jagen, sucht er Feuersteinknollen: runde Steine, aus denen er später scharfe Klingen schlägt, die man als Fellschaber oder Messer gebrauchen kann. „Hast du meinen Hund gesehen?“, ruft Aya. Doch der Alte schüttelt den Kopf und wendet sich wieder den Steinen zu.

Der Regen kehrt zurück, Aya fröstelt. Im Sommer genügen ihr Kleider aus dünnem Leder, denn es ist oft angenehm warm. Doch für den nahenden Winter braucht sie einen Mantel aus Rentierfell, Hosen und eine kuschelige Fellmütze. Die Mutter

Am Abend kehren die Männer des Clans von der **Jagd** zurück, mit einer fetten Beute – und Delgo! Aya ist überglücklich, ihren Gefährten wiederzuhaben

und Tante Brigga schuften seit Wochen, um alles vorzubereiten. Sie stellen Nähgarn her, indem sie aus Tiersehnen feine Fasern herauslösen. Anschließend fädeln sie es durch Nadeln aus Knochen und Geweih, um die Felle zusammenzunähen. Aya hat ein schlechtes Gewissen. Sie weiß, dass es im Herbst besonders viel zu tun gibt. Statt durch den Regen zu rennen und ihren Hund zu suchen, sollte sie ihrer Familie helfen.

Es dämmert schon, als Aya niedergeschlagen zum Lager zurückkehrt. Von Weitem sieht sie den Rauch und riecht ... mmmmh ... frisch gegrilltes Fleisch! Die Jäger sind zurück – mit einer fetten Beute: Zwei Wildpferde haben sie erlegt. Das Fell der Tiere ist bereits abgezogen, ein Fleischstück brutzelt an einem Holzspieß über dem Feuer. Und wer wuselt da kläffend herum? Delgo! „Da bist du ja! Wo hast du nur gesteckt?“, ruft Aya und krault das borstige Fell ihres Hundes. „Wir haben ihn auf dem Rückweg gefunden“, sagt einer der Jäger. „Er war in eine Felsspalte gerutscht!“

Aya ist glücklich. Delgo ist wieder da, unverletzt und munter! Jetzt erst spürt Aya, dass ihr Magen knurrt. „Komm, setz dich!“, sagt die Mutter. „Ich bringe dir ein knuspriges Stück Fleisch.“ „Danke!“, seufzt Aya zufrieden. „Und Delgo bekommt einen dicken Knochen.“ ■

DAS IST IHR JOB

Säbelzahnkatzen erforschen, Eiszeit-Menschen zum Leben erwecken, den ganzen Tag auf der Eisbahn verbringen: Viele Berufe klingen unglaublich spannend. Sind sie es wirklich? Wir machen den **Check**

Für Museen und **Ausstellungen** fertigt Lisa Büscher etwa acht bis zehn Figuren im Jahr – wie diese Eiszeit-Schamanin

Kopfsache: Die Figuren sind nicht aus Wachs, sondern aus Silikon. Damit lässt sich **Haut**, gerade im Gesicht, besonders gut nachbilden

LISA BÜSCHER, 38:

FIGURENBAUERIN

Arbeitsort: das Atelier Lifelike in Berlin-Neukölln

So sieht mein Alltag aus: Ich fertige lebensechte menschliche Figuren an, hauptsächlich für Naturkundemuseen. Darunter sind auch immer wieder Menschen aus der Eiszeit, ein Jäger zum Beispiel oder eine Schamanin. Einen typischen Arbeitstag gibt es bei mir eigentlich nicht, es ist immer anders! Für die Eiszeit-Schamanin habe ich Gipsabdrücke von Körperteilen einer echten Frau genommen. Die Gipsformen fülle ich mit einem Kunststoffschaum, der in der Form aushärtet. Anschließend bemale ich Kopf, Hände, Füße, Arme und Beine. Ich modelliere Falten, tupfe Schweißtröpfchen auf und setze winzige Nasenhaare ein, damit die Figur so lebensecht wie möglich wirkt. Bis ich sie am Ende zusammensetze, dauert es etwa drei Monate.

Ich bin Figurenbauerin geworden, weil ... ich schon als Kind Schminke und Verkleidungen toll fand. Ich erinnere mich noch, dass ich einmal ein Musikvideo gesehen habe, in dem der Sänger Michael Jackson als Monster zurechtgemacht war. Danach wollte ich Maskenbildnerin werden.

Das mag ich besonders an meinem Job: Es reizt mich, meine Figuren mit vielen kleinen Details so echt und lebendig wie möglich zu gestalten. Ab und zu erschrecke ich mich sogar selbst kurz vor einer, wenn ich ins Atelier komme!

Manchmal nervt mich ... dass so viel Zeit für langweilige Büroarbeit draufgeht.

Während meiner Ausbildung habe ich gelernt ... Menschen zu schminken, Perücken, Bärte und Masken zu entwerfen. Ich habe ursprünglich Maskenbildnerin gelernt.

In der Eiszeit wäre ich ... bestimmt Höhlenmalerin gewesen!

Verdienst: €€€€€

Actionfaktor: ✸✸✸✸✸

Ist was für ... Einzelgänger, Kreative

Hand-Arbeit: Lisa Büscher bildet immer nur die **Körperteile** lebensecht nach, die aus der Kleidung herausschauen – etwa die Hände

GEOlino extra Fotos: Andreas Mueller (l.); Lisa Büscher (r.); shutterstock (Beiwerk)

Um mehr über eine Säbelzahnkatze herauszufinden, muss der Forscher deren **Erbgut** untersuchen. Das steckt zum Beispiel in Knochen

MICHAEL WESTBURY, 30:

EXPERTE FÜR URZEIT-RAUBTIERE

Arbeitsort: die Universität Kopenhagen in Dänemark

So sieht mein Alltag aus: Ich erforsche das Erbgut von ausgestorbenen großen Raubtieren wie Säbelzahnkatzen und verbringe dafür viel Zeit im Labor. Kürzlich konnte ich zum Beispiel Knochenreste einer Scimitar-Katze aus Kanada untersuchen. Sie hatten dort mindestens 47 500 Jahre im gefrorenen Boden gelegen! Es ist erstaunlich, was einem solche uralten Knochen verraten können: Wir untersuchen das darin enthaltene Erbgut, die DNS – das ist sozusagen die Bauanleitung für ein Lebewesen. Aus der DNS der dieser Katze habe ich unter anderem herausgelesen, dass sie nur ganz entfernt mit unseren heutigen Katzenarten verwandt ist – und dass sie besonders starke Knochen, ein leistungsfähiges Herz und eine kräftige Lunge besaß. Sie war vermutlich eine ausdauernde Läuferin, die im Rudel jagte und ihre Beute zu Tode hetzte.

Ich bin Raubtier-Experte geworden, weil … ich es interessant finde, dass viele dieser Urzeit-Raubtiere so lange überleben konnten. Trotzdem wissen wir nur sehr wenig über sie.

Das mag ich besonders an meinem Job: Dass ich immer noch Neues über Tiere herausfinde, die vor langer Zeit ausgestorben sind.

Manchmal nervt mich … dass nur ungefähr einer von 100 entdeckten Urzeit-Knochen so gut erhalten ist, dass wir noch DNS darin finden. Auf solch einen Fund warten wir oft lange.

Während meiner Ausbildung habe ich gelernt … alles, was ich zu wissen glaube, immer wieder kritisch zu überprüfen. Ich komme ursprünglich aus Neuseeland und habe dort Genetik studiert.

In der Eiszeit wäre ich … ein ziemlich ängstlicher Typ gewesen! Es war ja eine schrecklich gefährliche Zeit mit riesigen Raubtieren. Vielleicht hätte ich aber auch ein paar tolle neue Werkzeuge erfunden.

Verdienst: €€€€€

Actionfaktor: ✶✶✶✶✶

Ist was für …

Forscher Einzelgänger Tierfreunde

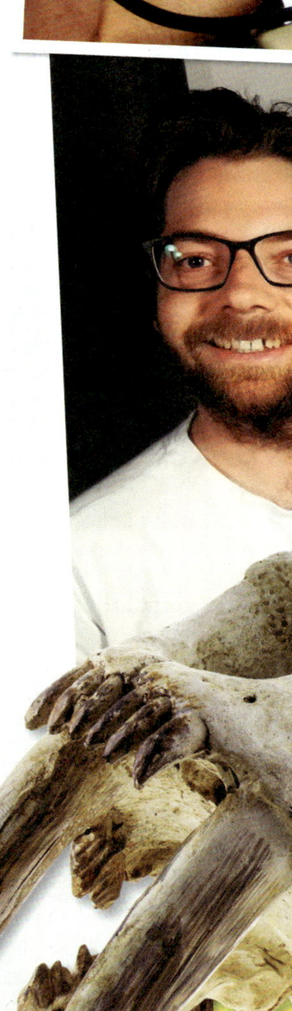

Genetiker Michael Westbury fühlt in seinem Labor längst ausgestorbenen Raubkatzen wie **Höhlenhyänen** auf den Zahn

Bahn frei! Pro Saison gleiten rund 100 000 **Schlittschuhläufer** über die Freiluft-Eisbahn in Planten un Blomen, einem Park in Hamburg

Für Rolf Schwabe dauert eine **Eiszeit** nur knapp fünf Monate. Im Sommer betreibt er statt der Eisbahn einen Kletterwald

ROLF SCHWABE, 58:

EISBAHN-BETREIBER

Arbeitsort: die Eisarena im Hamburger Park Planten un Blomen

So sieht mein Alltag aus: Eiszeit ist bei uns normalerweise vom 31. Oktober bis Mitte März, dann haben wir geöffnet, und ich bin fast täglich draußen auf unserer Bahn unter freiem Himmel. Morgens um zehn Uhr öffnen wir für die Gäste; für unser Team geht die Arbeit aber schon anderthalb Stunden vorher los. Als Erstes bereiten wir das Eis vor: Mit einem Eishobel – einem Fahrzeug, etwa so groß wie ein Lieferwagen – tragen wir die von Schlittschuhen zerkratzte oberste Eisschicht ab. Damit das Eis trotzdem nicht dünner wird, überzieht der Hobel es gleichzeitig mit einem Wasserfilm, der schnell gefriert. Diese Prozedur wiederholen wir mehrmals am Tag. Auch den Wetterbericht behalten wir immer im Auge: Wenn es regnet, taut das Eis an. Dann müssen wir über die Kälteanlage die Temperatur senken. Die Anlage ist riesig, funktioniert aber wie ein normaler Kühlschrank: Sie besteht vor allem aus langen Röhren unter dem Betonboden der Bahn, durch die ein Kühlmittel fließt.

Ich bin Eisbahn-Betreiber geworden, weil … es ein toller, ungewöhnlicher Arbeitsplatz ist, an dem ich mein Wissen über Technik gut einbringen kann.

Das mag ich besonders an meinem Job: Dass ich mit meinen Kindern so oft ich will Schlittschuh laufen kann.

Manchmal nervt mich … ach, eigentlich gar nichts!

Während meiner Ausbildung habe ich gelernt … wie technische Geräte funktionieren und wie man sie instand hält – ich bin studierter Ingenieur.

In der Eiszeit wäre ich … Jäger! Jedenfalls lieber als Sammler.

Verdienst: € € € € €

Actionfaktor: ✱ ✱ ✱ ✱ ✱

Ist was für …

Tüftler

Einzelgänger

Mehrmals am Tag rücken auf der Bahn die sogenannten **Eishobel** an. Sie sorgen dafür, dass für die Besucher buchstäblich alles glatt läuft

GEOlino extra Fotos: privat (l., 2); EisArena Hamburg (r., 2); Nele Heitmeyer/GEOlino extra (r. m.); shutterstock (Beiwerk)

Experimente

Heißes EIS!

*Diese beiden Experimente werden euch nicht kalt lassen. Das **Ergebnis** sieht nämlich nur auf den ersten Blick aus wie Eis…*

IHR BRAUCHT:

100 g Natriumacetat-Trihydrat aus der Apotheke oder dem Internet (der Stoff ist ungiftig und lässt sich leicht mit Wasser abwaschen) • kleiner Kochtopf • Herd • Löffel • Wasser • kleine Schüssel aus Glas oder Porzellan

Zubereitung

1 Legt ein paar Kristalle des Natriumacetat-Trihydrats zur Seite. Füllt den Rest in den Topf und lasst ihn bei mittlerer **Hitze** auf dem Herd langsam schmelzen, bis er flüssig ist. Sollte sich dabei eine dünne Kruste an der Oberfläche bilden, gebt mit dem Löffel etwas Wasser hinzu, bis die Flüssigkeit ganz klar ist. Habt ihr zu viel Wasser genommen, lasst einen Teil wieder verdampfen.

2 Wenn nichts mehr kristallisiert ist, nehmt den Topf vom Herd. Füllt die **Flüssigkeit** vorsichtig in die Schüssel, lasst sie eine Weile im Raum abkühlen und stellt sie dann für eine Stunde in den Kühlschrank.

ACHTUNG: Achtet darauf, dass sich auch am Rand des Topfes keine Kristalle mehr befinden! Sollte die Flüssigkeit beim **Abkühlen** bereits wieder auskristallisieren und fest werden, müsst ihr sie noch einmal erhitzen und etwas mehr Wasser hinzufügen.

Experimente

Kristalle

Lasst jetzt einige der zur Seite gestellten **Natriumacetat-Krümel** in die Flüssigkeit fallen und beobachtet, wie sich weitere Kristalle bilden. Ihr bemerkt außerdem: Die Schüssel wird warm.

Eisberg

Legt einige Krümel Salz in eine flache Schale und beginnt, die Flüssigkeit vorsichtig darauf zu träufeln. Auf diese Weise lassen sich, ähnlich wie bei einer **Kleckerburg** aus Sand, ganze „Türme" tropfen. Wie hoch könnt ihr die Kristalle stapeln?

Was ist passiert?

In Natriumacetat-Trihydrat stecken das Salz Natriumacetat und Wasser. Erhitzt man die Kristalle, werden sie flüssig, und es entsteht eine sogenannte übersättigte Lösung. Das heißt: Nach dem Abkühlen ist in dem Wasser mehr **Salz** vorhanden, als sich eigentlich bei Raumtemperatur lösen kann. Das überschüssige Acetat müsste sofort wieder auskristallisieren – tut es aber nicht. Um es daran „zu erinnern", braucht es einen Anstoß: einen sogenannten Impfkristall. In unserem Experiment sind das die Krümel. Fügt man sie hinzu, setzen sich daran Kristalle ab, und die Lösung wird nach und nach fest. Die Wärme, die zuvor für das Schmelzen benötigt wurde, ist als **Energie** gespeichert und wird beim Kristallisieren wieder abgegeben. Nach genau diesem Prinzip funktionieren übrigens auch Wärmekissen für die Hosentasche.

TIPP: Die hart gewordenen Natriumacetat-Kristalle könnt ihr durch **Erhitzen** immer wieder verflüssigen und damit weiter experimentieren. Wenn ihr alles nicht erst aus der Schüssel kratzen wollt, stellt diese samt Inhalt in ein warmes Wasserbad.

DAS MAMMUT

Seit 3700 Jahren sind Mammuts ausgestorben. Doch heutzutage versuchen einige Forscherinnen und Forscher tatsächlich, die Eiszeit-Riesen wiederzubeleben! Dafür brauchen sie: das Erbgut der Tiere, Asiatische Elefanten – und jede Menge Geduld …

Text: ***Bea Riebesehl***

Die Grashalme in der sibirischen Tundra zittern, als das riesige Tier heranstapft. Es ist fünf bis sechs Tonnen schwer, mehr als vier Meter hoch, hat baumstammdicke Beine, Stoßzähne so lang wie ein erwachsener Mann und einen Rüssel wie ein Elefant. Überhaupt erinnert das Wesen, abgesehen von seinem Zottelfell, an einen Dickhäuter. Doch durch die karge Landschaft trampelt ein Mammut – ein Wollhaarmammut.

Unser Experte
George Church

Die Szene ist Vergangenheit. Mammuts sind mindestens seit 3700 Jahren ausgestorben. Doch es könnte auch ein Blick in die Zukunft sein: Wissenschaftlerinnen und Wissenschaftler überlegen, wie man die Eiszeit-Tiere wieder zum Leben erwecken kann. Auch der Genforscher George Church und seine Arbeitsgruppe an der Harvard-Universität in Cambridge im US-Bundesstaat Massachusetts arbeiten seit rund fünf Jahren daran. Er sagt: „Das Mammutprojekt ist mir sehr wichtig.“

George Church – 66 Jahre, Rauschebart und einen Kopf voller Ideen – gilt unter Kollegen als Genie. Und als jemand, der es liebt, die Grenzen des Möglichen auszutesten. Für seine Zukunftsvision muss er diesmal weit zurückblicken: Vor 100 000 Jahren streiften Mammuts in Herden durch die eisigen Tundren von Europa, Asien und Nordamerika. Doch als es vor etwa 12 000 Jahren wärmer auf der Erde wurde, schrumpfte der Lebensraum der Eiszeit-Riesen. Noch dazu begannen Menschen, die Tiere zu jagen. Bald waren alle Mammuts vom Festland verschwunden. Nur ein paar Hundert Exemplare überlebten, zum Beispiel auf der Wrangelinsel zwischen Nordamerika und Russland – bis es vor 3700 Jahren auch sie erwischte.

Puzzlespiel für Profis

Ein Glück für George Church: Knochen und sogar Haut- oder Muskelreste verstorbener Tiere tauchen immer ▸

PROJEKT

Zum Greifen nah: Ob sich Mensch und Mammut bald tatsächlich begegnen? Bisher ist das nur im **Museum** möglich, so wie hier in einer Ausstellung mit einem Mammutmodell im kanadischen Victoria

 Fotos: M. Scott Brauer/Redux/laif (l.); Jonathan Blair/National Geographic (r.)

GEOlino extra Foto: Francis Latreille

Gut gehalten: Im Jahr 1998 gräbt ein Team in Sibirien die Überreste eines männlichen Wollhaarmammuts aus. Um den Schädel samt **Haarschopf** freizulegen, taut ein Forscher den gefrorenen Boden vorsichtig mit einem Fön auf

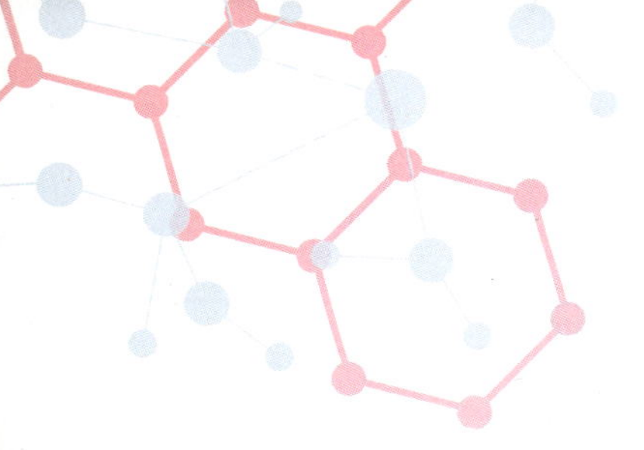

AUSGESTORBEN

Warum Tierarten von der Erde verschwinden

Immer wieder gab es in der Erdgeschichte Zeiten, in denen massenhaft Tier- oder Pflanzenarten ausstarben. Meist geschah das, wenn sich die **Lebensbedingungen** veränderten: weil Vulkane ausbrachen, sich das Klima wandelte, der Sauerstoffgehalt in den Ozeanen sank oder ein Asteroid auf der Erde einschlug. Verschwinden in verhältnismäßig kurzer Zeit sehr viele Arten von der Erde, sprechen Forschende von einem **Massenaussterben**. Das letzte ereignete sich während der jüngsten Kaltzeit: Fast alle großen Säugetiere wie Mammuts, Wollnashörner oder Säbelzahnkatzen starben innerhalb von rund 30 000 Jahren aus. Nur in Afrika und einem Teil von Südasien überlebten Nashörner, Elefanten und andere Großsäugerarten. Manche Wissenschaftlerinnen und Wissenschaftler behaupten, dass eine Klimaveränderung die Tiere das Leben kostete. Andere machen Menschen als **Jäger** dafür verantwortlich. Vielleicht haben auch beide Gründe dazu geführt, dass diese Arten heute Geschichte sind.

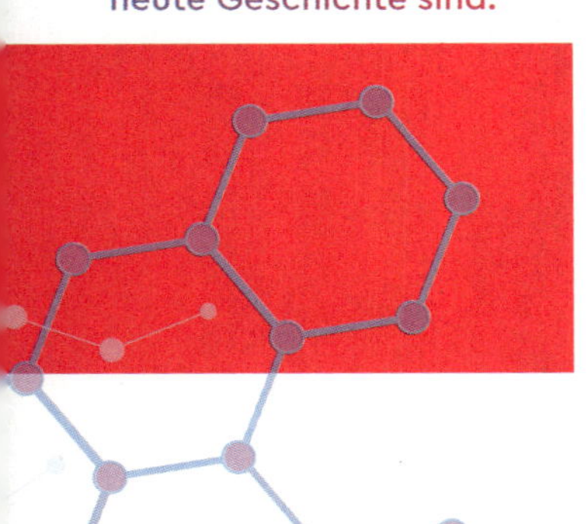

wieder auf. Im Dauerfrostboden Sibiriens bleiben sie erhalten wie in einer riesigen Tiefkühltruhe. Wenn es taut oder man nach den Überresten gräbt, kommen sie ans Licht. Die oft 10 000 Jahre alten Funde liefern Forschenden die wichtigste Zutat, die sie für eine Mammutwiedergeburt brauchen: das Erbgut der Tiere, ihre DNS. Sie ist sozusagen der Bauplan für ein Lebewesen, in dem zum Beispiel festgelegt ist, wie groß es wird oder welche Farbe sein Fell hat. Ein vollständiges Exemplar dieses Bauplans steckt in jeder Körperzelle.

Die uralte Mammut-DNS ist allerdings nicht vollständig erhalten, sondern in winzige Stücke zerfallen und muss mühsam wieder zusammengepuzzelt werden. George Church will deshalb nur bestimmte Teile der Mammut-DNS verwenden und sie in das Erbgut ihres nächsten noch lebenden Verwandten einschleusen, des Asiatischen Elefanten.

Ein Lebewesen, das so entsteht, wäre dann ein Mischwesen, ein Elefant mit typischen Eigenschaften eines Mammuts: ein „Mammufant". Um das zu erreichen, müssen Church und sein Team zunächst jene Gene finden, also kleine Abschnitte im Erbgut, die ein Mammut zum Mammut machen. Etwa die Bauanleitungen für das Zottelfell, für ein extra Fettpolster und für kleine Ohren, die wenig Wärme abgeben – alles wichtige Eigenschaften, damit die Tiere in der Kälte zurechtkamen.

Vom Elefant zum Mammut

Auf der Suche nach den mammuttypischen Genen gleichen George Church und sein Team das Mammuterbgut mit dem des Asiatischen Elefanten ab. Beide Arten ähneln sich zwar, entwickelten sich aber vor fünf bis sechs Millionen Jahren in unterschiedliche Richtungen. In ihren Genen gibt es darum neben Gemeinsamkeiten auch zahlreiche Unterschiede!

Für die Wissenschaftlerinnen und Wissenschaftler sind vor allem die Abweichungen spannend, die dafür gesorgt haben, dass die Mammuts ihrem kalten Lebensraum angepasst sind. Sie zu finden ist mühsam. Doch George Church ist optimistisch: „Wir glauben, dass 40 Veränderungen im Erbgut reichen, um einen Asiatischen Elefanten zu erschaffen, der in der Kälte zurechtkommt", sagt er. Und: „Zwei davon haben wir bereits entdeckt."

Genial oder größenwahnsinnig?

Sind auch die übrigen Abschnitte gefunden, müssen George Church und sein Team sie in das Erbgut des Asiatischen Elefanten einschleusen und die entsprechenden Elefantengene durch Mammutgene ersetzen. Dazu nutzen sie eine komplizierte Technik, die so ähnlich funktioniert wie Schere und Kleber (lest dazu den Kasten auf Seite 71). Wie lange es damit bis zum ersten Mammufanten dauert? „Ich hoffe, dass wir so in zehn Jahren den ersten Embryo haben werden", sagt Church. Dann heißt es noch einmal warten, bis er die Ergebnisse seiner Arbeit sehen kann: „Das Schwierige bei Elefanten ist nämlich: Ihre Schwangerschaft dauert 22 Monate."

Die Mammufanten-Embryos könnten in einer Elefantenleihmutter heranwachsen. George Church hat aber eine andere Lösung im Sinn: Weil er ▸

die Gesundheit einer Leihmutter bei seinem Experiment nicht gefährden will, möchte er lieber eine Art Brutkasten entwickeln – ein weiteres kompliziertes Projekt. Viele Wissenschaftlerinnen und Wissenschaftler bezweifeln, dass Churchs Pläne am Ende erfolgreich sind, geschweige denn, dass er seinen Zeitplan einhalten kann.

Auch Marianne Dehasque, Mammutforscherin an der Universität Stockholm in Schweden, ist skeptisch: „Professor Churchs Strategie ist theoretisch machbar“, sagt sie, „aber es gibt viele Hürden zu überwinden.“ Sie erklärt zum Beispiel: „Selbst wenn man die entscheidenden Gene gefunden hat, die ein Mammut zum Mammut machen – in Elefanten könnten sie ganz andere Wirkungen entfalten.“ Viele stellen sich zudem die Frage: Wozu soll der ganze Aufwand gut sein?

Darauf hat George Church natürlich eine Antwort: Würden eines Tages Mammufanten durch die sibirische Steppe stapfen, könnten sie helfen, den Klimawandel zu bremsen. Sie sollen den Boden festtrampeln und so dafür sorgen, dass er in der Tiefe gefroren bleibt. Würde er nämlich weitertauen, könnten klimaschädliche Gase aus dem Erdboden frei werden und die Atmosphäre noch mehr aufheizen. Ein weiteres Ziel: Mit seiner Forschung möchte George Church den Asiatischen Elefanten retten und der Art einen neuen Lebensraum geben. „Diese Elefanten sind so eng mit Mammuts verwandt, dass sie mit wenigen Anpassungen in kalten Gegenden leben könnten“, sagt er. In ihrer jetzigen Heimat sind Asiatische Elefanten nämlich genau wie einst die Mammuts: vom Aussterben bedroht. ■

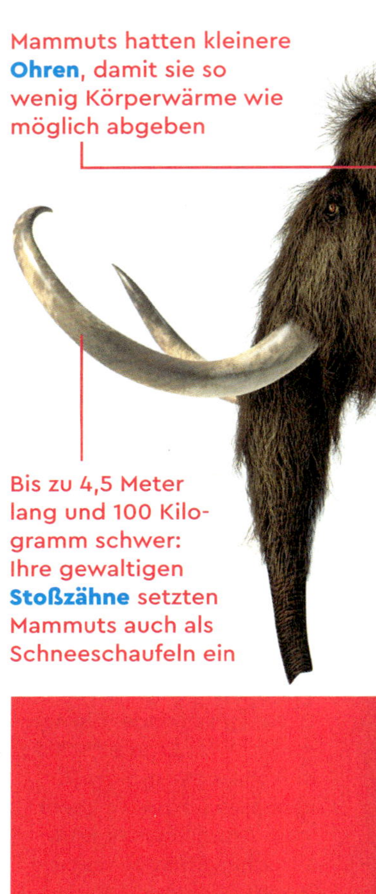

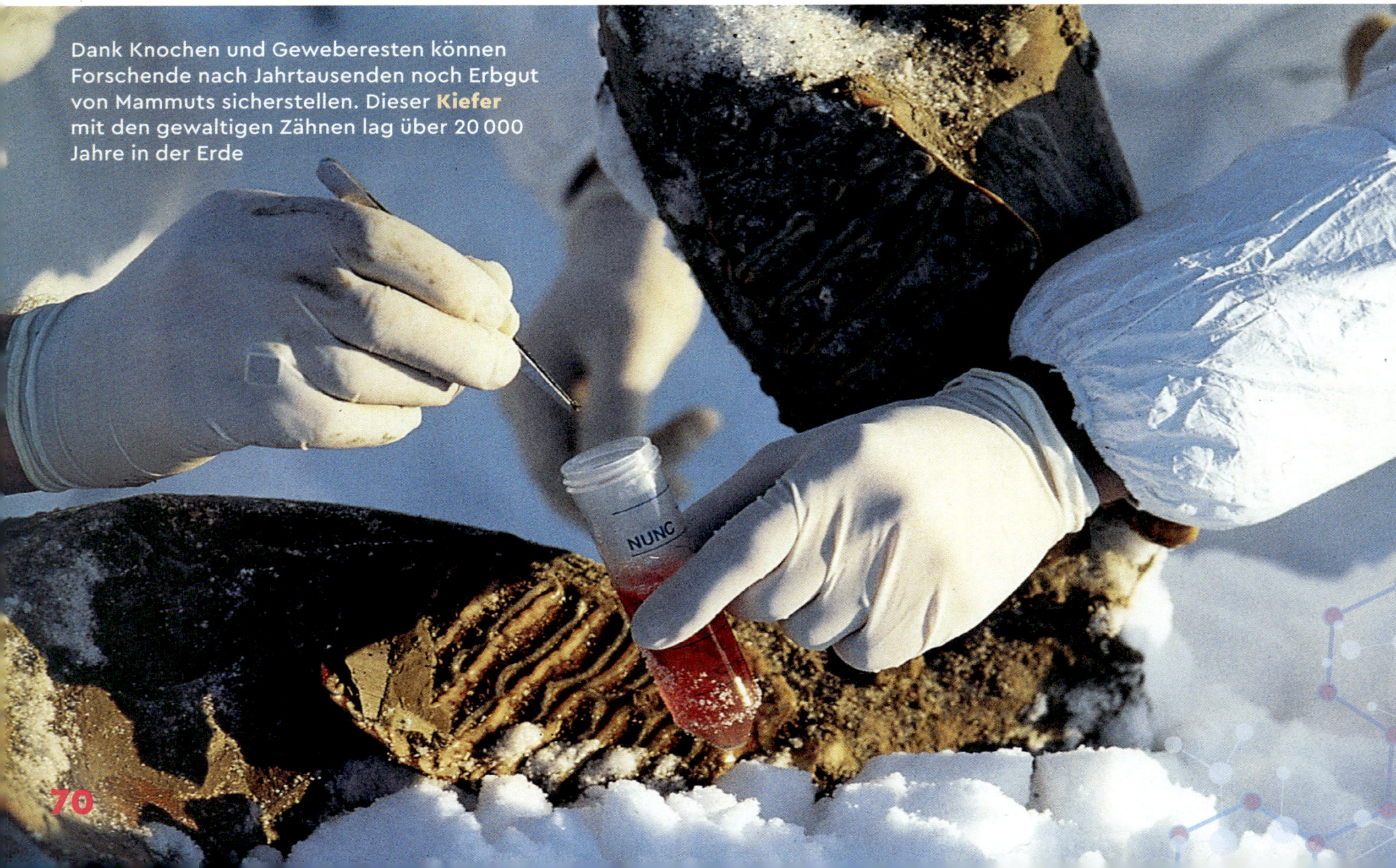

Dank Knochen und Geweberesten können Forschende nach Jahrtausenden noch Erbgut von Mammuts sicherstellen. Dieser **Kiefer** mit den gewaltigen Zähnen lag über 20 000 Jahre in der Erde

GEOlino extra Fotos: Francis Latreille (l.); shutterstock (r., 2)

WIEDERBELEBT

Wie man ausgestorbene Tierarten auferstehen lässt

*Um Tiere, die einst auf der Erde lebten, zurückzuholen, haben Forscherinnen und Forscher drei **Möglichkeiten** entwickelt – und zwar diese:*

1. Zucht

Sie können die Tiere „zurückzüchten". Dafür wählen Züchter aus den nächsten lebenden **Verwandten** diejenigen Tiere aus, die am ehesten so aussehen wie die ausgestorbene Art, und paaren sie miteinander. So versuchen Menschen zum Beispiel, mithilfe von Rindern ausgestorbene Auerochsen neu entstehen zu lassen.

2. Klonen

Dafür benötigt man einen Zellkern mit dem vollständig erhaltenen Erbgut, also der Bauanleitung des ausgestorbenen Tieres. Diesen Kern schleust man in eine Eizelle von einem nahen Verwandten ein, aus der zuvor der eigene Zellkern entfernt wurde. Die befruchtete Eizelle wächst in einem weiblichen Tier zu einem Embryo heran – einer künstlichen **Kopie** des ausgestorbenen Tieres, Klon genannt. Wissenschaftler und Wissenschaftlerinnen versuchten auf diesem Weg, den ausgestorbenen Pyrenäensteinbock wiederzubeleben. Allerdings ohne den erhofften Erfolg: Das geklonte Pyrenäensteinbock-Weibchen starb kurz nach der Geburt.

3. Genschere

Manche Forscherinnen und Forscher versuchen, die Bauanleitung des nächsten lebenden Verwandten umzuschreiben – so wie bei George Churchs Mammutprojekt. Dafür benutzen sie ein neues Verfahren namens CRISPR/Cas. Damit lassen sich Abschnitte aus der DNS, also dem **Erbgut** eines Lebewesens, herausschneiden und andere einfügen – ähnlich wie mit Schere und Kleber. Auf diesem Wege kann man die in der DNS festgeschriebene Bauanleitung eines Lebewesens sehr gezielt verändern und anpassen.

Es scheint also möglich, mammutähnliche Tiere zu erschaffen. Aber sollte man es deshalb wirklich tun? Eine „gute Frage" – die wir auf der nächste Seite beantworten!

Sollte man Mammuts

Tatsächlich gibt es Methoden, mit deren Hilfe Forscherinnen stapfen lassen könnten. Auf den vorherigen Seiten so sehr in die Natur einzugreifen?

DAFÜR

Es sorgt für Aufmerksamkeit

Die Kältesteppen, die Tundren, waren einst das Zuhause unzähliger Wollhaarmammuts. Seitdem die Tiere ausgestorben sind, drohen auch die Tundren in Sibirien, Kanada und Alaska zu verschwinden. Statt Gräsern und Sträuchern wachsen dort immer mehr Bäume, die Erderwärmung lässt die Böden in der Tiefe auftauen – und viele heutzutage heimische Tier- und Pflanzenarten verlieren ihren Lebensraum. **Kehrten die Mammuts zurück, würden sie Bäume fällen. Gräser und Sträucher könnten daher wieder viel besser wachsen.** Die Tundra als Lebensraum bliebe also erhalten! Außerdem würden die Eiszeit-Riesen dabei helfen, das Klima zu schützen, glauben manche Forscherinnen und Forscher (wie genau, lest ihr auf den vorherigen Seiten).

Dazu kommt, dass über so ein spektakuläres Projekt weltweit Zeitschriften, Fernsehsender und soziale Medien berichten. Dadurch werden viele Menschen auf die Forschung aufmerksam und spenden Geld – mit dem sich viele andere Arten schützen ließen. Gleichzeitig lernen Forscher und Forscherinnen bei ihrer Arbeit ziemlich viel: Sie entwickeln Technologien, verbessern diese und machen neue Entdeckungen. Von denen können auch vom Aussterben bedrohte Arten profitieren. Ein Beispiel: Während der Arbeit an der Mammut-Wiederbelebung untersuchten die Forscherinnen und Forscher auch das Erbgut des Asiatischen Elefanten. Dabei entdeckten sie ein für die Tiere gefährliches Virus – gegen das sie nun ein Medikament entwickeln wollen.

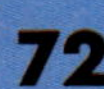

wieder zum Leben erwecken?

und Forscher künftig mammutähnliche Elefanten durch die Kältesteppe in Sibirien haben wir darüber berichtet. Aber wäre das überhaupt in Ordnung, Lest, was dafür und was dagegen spricht

DAGEGEN

Viel zu teuer

Mammuts sind ausgestorben, weil das Klima wärmer wurde und sich ihr Lebensraum dadurch veränderte. Heutige Kältesteppen sind deshalb nicht genau dasselbe wie die Steppen der letzten Kaltzeit. Sie sind zum Beispiel viel feuchter – und wären damit für mammutähnliche Elefanten wohl eher ungeeignet. Die Tiere würden dort gar nicht genug Nahrung finden, argumentieren Gegner und Gegnerinnen.

Und sie sorgen sich noch aus einem weiteren Grund um das Wohl der „Mammufanten": **Wie Elefanten wären sie soziale Wesen, ohne Artgenossen würden sie vereinsamen.** Eine ganze Herde zu produzieren sei aber kaum möglich. Dafür bräuchte man nämlich viele Embryonen und viele Asiatische Elefantenkühe als Leihmütter, die diese austragen. Doch die Art ist selbst stark vom Aussterben bedroht. Gegnerinnen und Gegner fordern deshalb, dass kein einziger Asiatischer Elefant für derartige Versuche herhalten soll.

Eine große Mammufanten-Herde bräuchte man aber auch, damit der Nachwuchs langfristig gesund bleibt. **Gibt es nur wenige Tiere mit sehr ähnlichem Erbgut, kann bereits eine einzige Krankheit alle dahinraffen.** Nur wenn es viele Tiere mit leicht unterschiedlichem Erbgut gibt, können auch welche dabei sein, die von Natur aus widerstandsfähig gegen die Krankheit sind. Dann könnte die Art langfristig überleben.

Es handelt sich also um ein riesiges, aufwendiges Projekt, das viele Jahrzehnte dauern kann! Viele finden deshalb, dass man die Mühe und das Geld lieber in andere Artenschutz-Projekte stecken sollte.

Große Abenteuer in jedem Heft.

Jetzt ein Jahr GEOlino extra selbst lesen oder verschenken und eine tolle Prämie auswählen!

Coole Vorteile:

6 Ausgaben
selbst lesen oder verschenken

Coole Prämie
zur Wahl dazu

Kostenlose Lieferung –
das Porto zahlen wir

Jederzeit kündbar
nach Ablauf des 1. Jahres

Unser Tipp für Neugierige:
Das nächste Thema ist immer auf der letzten Seite der Ausgabe zu finden.

Zukunfts-Check

FROSTIGE AUSSICHTEN

Mammuts, Neandertaler und Höhlenmalereien: Wie die letzte Eiszeit aussah, habt ihr in vielen Geschichten in diesem Heft gelesen. Doch was wäre eigentlich, wenn bei uns die Temperaturen bis zum Jahr 2060 um fünf Grad fallen würden? Und wie realistisch ist das überhaupt? Das erfahrt ihr hier

Text: *Stefan Greschik*

Während der letzten Eiszeit, die vor rund 12 000 Jahren endete, stießen Gletscher bis in das heutige Norddeutschland vor. Doch die Eispanzer brauchen lange, um zu wachsen. Im Jahr 2060 wäre Hamburg deshalb noch eisfrei, selbst wenn die Temperaturen bis dahin um fünf Grad Celsius sinken. In den Alpen schieben sich die Gletscher allerdings jedes Jahr weiter in die Täler hinab. Auch um den Nordpol wächst das Eis. Das setzt einen Kreislauf in Gang: Die schneebedeckten hellen Flächen werfen viel wärmendes, energiereiches Sonnenlicht zurück ins All. Dadurch sinken die Temperaturen weiter ...

GEMÜSE AUS DER STADT

Die Sommer in Deutschland sind nun kühl, die anderen Jahreszeiten oft frostig. Für die Menschen ist das zunächst kein großes Problem: Sie ziehen einfach wärmere Kleidung an als heute und dämmen ihre Häuser noch besser. Schlimm sind allerdings die Missernten. Denn bei der Kälte wächst in Mitteleuropa im Freien kaum noch Getreide oder Gemüse.

Auf dem Land stehen deshalb beheizbare Gewächshäuser. In den Städten arbeiten Unternehmer an der „Senkrechten Landwirtschaft“: Sie bauen Gemüse in Hallen auf vielen Ebenen übereinander an. Ohne Erde, dafür etwa in Steinwolle sowie einer Nährlösung. Die Pflanzen werden mit Lampen bestrahlt und mit feinen Düsen bewässert.

Doch das ist teuer, verschlingt Unmengen an Energie, und das Angebot bleibt trotz der Technik knapp. Schon seit Jahren dürfen Viehbauern deshalb kein Getreide mehr an ihre Tiere verfüttern. Fleisch gibt es nur noch in Delikatessen-Abteilungen, zu extrem hohen Preisen. Die meisten Deutschen im Jahr 2060 sind daher Vegetarier – obwohl auch das ▸

Hamburg versinkt im Eis? Na ja, hier übertreiben wir ein wenig. Ganz so schlimm würde es bei einer neuen Eiszeit wohl nicht kommen – doch zum Bibbern wäre sie allemal

 Fotos: shutterstock

Angebot an Obst und Gemüse geringer ist als heute.

Viele Deutsche sind durch das raue Klima und das knappe Essen genervt. Sie beschließen: „Wir ziehen in den Süden!“ Doch dorthin wollen auch Millionen Chinesen und Kanadier, Briten und Skandinavier. Bei ihnen allen ist es nämlich oft noch kälter. Als Traumziele der Klimaflüchtlinge gelten die milden Regionen Italiens oder die Sonnenparadiese im Norden von Afrika und in Mexiko. Das Ganze ähnelt der Flüchtlingswelle im Jahr 2015, nur dass die Menschen nun aus dem Norden Richtung Süden fliehen.

ÜBERALL STREIT

Die Bewohner der warmen Staaten sind davon nicht begeistert. Skrupellose Politiker schimpfen: „Die aus dem Norden nehmen uns Arbeit, Wohnungen und Essen weg!“ Bald machen die südlichen Länder dicht und bauen an den Grenzen Mauern. Das führt zu Streit. Denn die Staaten des Nordens fordern energisch, dass man ihre Bürger einreisen lässt! Supermächte wie China oder die USA fackeln vermutlich nicht lange. Sie schicken Flugzeugträger mit Soldaten nach Afrika, um die besten Gegenden für ihre Auswanderer zu besetzen und Getreide-Ernten zu beschlagnahmen.

FLÜCHTLINGE AUF VIER PFOTEN

Und die Tiere? Auch sie fliehen. Ob Marder, Dachse oder Streifenhörnchen – vielen wird es im Norden zu kalt. Doch sie haben Glück: Weil die Niederschläge jetzt in vielen Regionen als Schnee liegen bleiben und nicht zurück ins Meer fließen, sinken die Meeresspiegel. So entstehen neue Landbrücken und Fluchtwege. Rothirsche wandern von Britannien nach Frankreich. Deutsche beobachten im Garten Elche und Vielfraße, die aus Schweden eingewandert sind – und finden das bald vollkommen normal.

DER REALITÄTS-CHECK

Noch in den 1970er-Jahren gab es Klimaforscher, die ein Szenario wie in unserer Geschichte für sehr wahrscheinlich hielten. Damals sanken die Temperaturen an vielen Stellen der Erde, und Wissenschaftler führten das auf die Luftverschmutzung zurück. Diese sorge für mehr Wolken, die die Sonnenstrahlen abhielten. 2008 warnten Experten, dass der Golfstrom im Atlantik ausfallen könne und es ohne diese Heizung in Europa eisig werde. In dem Kino-Hit „The Day After Tomorrow“ versinkt New York gar in einem furchtbaren Schneesturm.

Heute sind solche Geschichten aus der Mode gekommen. Fast alle Klimaforscher sind überzeugt, dass die Temperaturen auf der Erde durch den Treibhauseffekt steigen. Manche tippen auf zwei Grad Erderwärmung bis zum Ende des Jahrhunderts. Andere auf drei oder vier. Eine Eiszeit kommt auch mal wieder, sagen sie, aber wohl frühestens in 50 000 Jahren. ■

Elche, Dachse, Hasen, Enten: Bei der eisigen Kälte bliebe vielen Tieren nur die **Flucht** nach Süden, zum Beispiel ins milde Italien

Die Welt spielend verstehen und entdecken!

Das Beste von GEO zum Bestellen

12,95 €

GEOLINO Experimentierkasten „Roboter mit Salzwasserantrieb“

Diesen kleinen Roboter kannst du in etwa fünfzehn Minuten zusammenbauen, und er hat einen besonderen Clou: Er enthält eine sogenannte Galvanische Zelle. Du musst ihn nur mit Salzwasser betanken, und schon düst er mit Hilfe seines kleinen Elektromotors los.

Format: 19x14x5 cm
ab 8 Jahren
Best.-Nr.: G729271
Preise: 12,95 € (A) / Fr. 19,90 (CH)

12,95 €

GEOLINO Experimentierkasten „Der Vulkanausbruch“

Mit diesem Paket erzeugst du eine faszinierende chemische Reaktion und bringst deinen eigenen Vulkan zum Ausbruch. Das Paket enthält eine ausführliche Schritt-für-Schritt-Anleitung und ein Schmuckposter mit Steckbriefen über die faszinierendsten Vulkane auf der Erde.

Format: 19x14x5 cm
ab 8 Jahren
Best.-Nr.: G729272
Preise: 12,95 € (A) / Fr. 19,90 (CH)

NEU!

16,99 €

GEOLINO MINI Hörspiele „Alles über die Feuerwehr“ + „Alles über Pferde und Ponys“ Doppelpack 1+2

Ralph Caspers führt uns durch die kunterbunten Geschichten und erlebt gemeinsam mit seinen Insekten-Freunden Grashüpfer Georg, Mistkäfer Mo und Libelle Belle lehrreiche Abenteuer. Zusammen erfahren wir „Alles über die Feuerwehr“ oder „Alles über Pferde und Ponys“. Im Doppelpack zum Vorteilspreis.

ab 5 Jahren
Best.-Nr.: G729311
Preise: 16,99 € (A) / Fr. 19,99 (CH)

NEU!

49,95 €

GEOLINO Experimentierkasten „Roboter Bausatz – Der Linien-Spürhund“

Mit diesem Bausatz baust du deinen eigenen voll funktionsfähiger Roboter, der beharrlich jeder schwarzen Linie folgt – wie ein Spürhund!

Format: 31x23x7 cm
ab 8 Jahren
Best.-Nr.: G729305
Preise: 49,95 € (A) / Fr. 54,95 (CH)

29,95 €

GEOLINO Experimentierkasten „Abenteuer Elektronik“

Hast du schon mal ein Rennboot mit Solarantrieb gebastelt und auf große Fahrt geschickt? Bürstenroboter gebaut und gegeneinander antreten lassen? In diesem Experimentierkasten finden sich viele spannende Ideen rund um das Thema Elektronik, die du ganz einfach mit ein paar Handgriffen nachbauen kannst. Alle elektronischen Teile, die du dafür brauchst, sind im Paket enthalten. Den Rest findest du mit Sicherheit in eurem Haushalt.

Format: 24x29x3,5 cm
ab 8 Jahren
Best.-Nr.: G729273
Preise: 29,95 € (A) / Fr. 44,50 (CH)

14,95 €

GEOLINO Krimi-Comics „Wadenbeißer“ Doppelband 1+2

Nur für begrenzte Zeit gibt es die Bände 1 und 2 mit den ersten 36 Fällen als Sonderausgabe zum Superpreis.

Format: 22x27 cm, 160 Seiten
ab 8 Jahren
Best.-Nr.: G729242
Preise: 15,40 € (A) / Fr. 17,95 (CH)

Jetzt bestellen unter **www.geoshop.de/kinder2021** oder telefonisch unter **+49 (0) 40/42 23 64 27**

Gruner + Jahr GmbH, Am Baumwall 11, 20459 Hamburg

(Bitte geben Sie immer den Aktionscode an: G00181)

Extratour

*Habt ihr schon alle Geschichten gelesen? Dann knackt ihr diese Knobeleien bestimmt. Wenn nicht: Viel **Spaß** beim Suchen! Die Lösungen verstecken sich nämlich im Heft*

1. Wer verdrängte diesen Typen aus Europa?

2. Auf wen treffen folgende Aussagen zu?

- War gut vier Meter hoch
- Stapfte durch die eisige Tundra Asiens
- Soll wieder zum Leben erweckt werden

3. Wo kann man diesen Wisent sehen?

4. Welcher Fluss passt nicht in die Reihe?

Würm, Weser, Weichsel

5. Sechs Freunde sprechen über die Eiszeit. Wie viele sagen die Wahrheit? Kombiniert ihre Antworten, um es herauszufinden!

6. Wer gehört nicht in die letzte Eiszeit?

7. Was erforscht ein Glaziologe?

8. Gletscher haben viele bemerkenswerte Eigenschaften. Welche allerdings nicht?

A Sie gleiten mit bis zu sechs Zentimeter pro Stunde den Berg hinab.

B Sie hobeln durch ihr Gewicht Bergkuppen glatt wie Schmirgelpapier.

C Sie speichern das Salzwasser der Erde wie riesige Tanks.

D Sie halten Berghänge zusammen wie Klebstoff.

9. Wem fühlt dieser Mann auf den Zahn?

AUFLÖSUNG

1. Der Neandertaler wurde vom *Homo sapiens* verdrängt, also unseren Vorfahren *(mehr ab Seite 30)*

2. Zum Leben erweckt werden soll das Mammut *(mehr dazu ab Seite 66)*

3. In einer Höhle im spanischen Altamira *(mehr dazu ab Seite 42)*

4. Die Weser ist der einzige Fluss, nach dem keine Eiszeit benannt wurde *(mehr dazu ab Seite 16)*

5. Lucy, Bob und Jim haben recht, also drei der sechs *(mehr dazu lest ihr ab den Seiten 16, 34 und 82)*

6. Der Tyrannosaurus Rex lebte vor mehr als 66 Millionen Jahren, lange vor der letzten Kaltzeit. Wo er in unserem Heft vergraben ist, *seht ihr auf Seite 87*

7. Das Eis von Gletschern *(mehr dazu auf Seite 21)*

8. C. Gletscher speichern einen großen Teil des Süßwassers auf der Erde, nicht des Salzwassers *(mehr dazu ab Seite 18)*

9. Der Genetiker Michael Westbury erforscht ausgestorbene Raubkatzen *(mehr dazu ab Seite 63)*

GEOlino extra Fotos und Illustrationen: Benoit Clarys (l. l.); Lisa Büscher (r. m. r.); Manuel Kilger (r. u. l.); Thilo Klüppel (r. u. r.); privat (r. u.); Shutterstock

Die
DOPPEL-X-AGENTEN

Folge 15: **Ausgegraben**

Ein Junge im Rollstuhl, ein dickköpfiges Mädchen und eine Schildkröte mit Sprachfehler: Das sind die Doppel-X-Agenten. Sie lüften so manches Geheimnis – im Auftrag von Professor XX

Idee & Text: **Björn Krause** Illustration: **Manuel Kilger**

Hallo! Ich bin Agent Smart. Und das sind Agent Power und Agent Rocket.
Super, dass ihr so schnell gekommen seid. Ich bin Ernst Fall, der Bauleiter. Wir müssen so schnell wie möglich klären, woher diese Knochen da stammen, damit es hier weitergehen kann. Also los, los, los!

KRATZ
Kein Problem! Erst mal scanne ich jeden Knochen einzeln ein, und dann setzt ein von mir entwickeltes Programm das Skelett digital zusammen. Anschließend können wir uns ein erstes Bild machen.
Erstes Bild?! Das dauert doch ewig! In der Zeit baue ich den Stuttgarter Hauptbahnhof fertig. Nur mit meinen Händen!

Jada hat offenbar eine andere Lösung
Isch hab's! Es ist: ein Xylophon!

Hey! Was machst du denn da?
Die Sache beschleunigen.

Her damit, du Scherzkeks!
Nischt!

Und nur fünf Minuten später …
Fertig! Und was jetzt?

Wie hast du denn so schnell …? Ähm, egal.
Was ist denn das für ein riesiges Viesch? Guckt eusch mal diese monströsen Eckzähne an! Gruselig!

Können wir dann jetzt endlich weitermachen?
Leider nicht! Wir wissen schließlich immer noch nicht, worum es sich hier handelt.

Gleich bekommt ihr ein 3-D-Modell des Skeletts auf eure Armbanduhren geschickt. Dann teilen wir uns auf: Maya, du suchst dir einen Jäger aus der Umgebung und fragst ihn, ob er so ein Tier schon mal gesehen hat. Jada, du gehst in den Zoo, vielleicht kriegst du ja dort etwas heraus. Und ich analysiere eine Knochenprobe im Labor des Jets.

Wenig später hat Agent Power tatsächlich einen Jäger gefunden
Entschuldigen Sie bitte! Wissen Sie vielleicht, was das hier für ein Tier sein könnte?
Ich weiß ganz genau, was das ist: nicht wichtig! Und nun geh mir aus dem Weg, ich muss los zur Jagd.

Der hat ja wohl 'nen Schuss!

Ob Agent Rocket im Zoo mehr Erfolg hat?
Nee, das passt nischt!

Chon besser, aber nischt ganz ...

Hmmm, etwas zu klein, aber sonst ... Wo ist denn wohl der Chef in diesem Laden?

Jada funkt direkt Luke auf der Baustelle an
Agent Smart, bitte kommen! Isch finde, dass das Skelett einem Löwen ziemlisch ähnlisch sieht. Allerdings sagt der Zoodirektor, dass nie einer aus dem Zoo abgehauen ist. Und unser Fundchtück ist noch dazu 'ne ganze Ecke größer.
Danke für die Information, Agent Rocket! Bitte funk Agent Power an und komm mit ihr umgehend zurück. Ich bestimme in der Zwischenzeit das Alter der Knochen. Over!

Wie bestimmst du denn das Alter der Knochen?
Ganz einfach: Mit der Radiokarbonmethode! Dazu müssen Sie wissen, dass Tiere, Menschen und Pflanzen ständig Kohlenstoff aufnehmen, er ist ein wichtiger Baustein für alle Zellen und steckt auch in Knochen. Kohlenstoff gibt es in unterschiedlichen Formen, sogenannten Isotopen. Eines davon heißt C-14. Stirbt ein Tier, beginnt das C-14 zu zerfallen. Das heißt: Je länger das Tier tot ist, desto weniger C-14 finde ich noch in den Knochen.

Aha? Ähm …
Ich messe also einfach, wie viel C-14 in den Knochen noch übrig ist. Und weil ich weiß, wie schnell es zerfällt, kann ich zurückrechnen, wann das Tier gestorben sein muss.

Nach einiger Zeit ist das Ergebnis da
Jetzt wissen wir mehr!

Das ist ja der Wahnsinn! Das Skelett ist ungefähr 13 000 Jahre alt! Das Tier muss gegen Ende der letzten Kaltzeit hier gelebt haben.
Was für ein Tier soll das denn bitte gewesen sein?

Das recherchiere ich jetzt ganz fix. Es ist …
PuuDL
RaubKatze
13000 Jahre
Süden

… ein Höhlenlöwe!

Inzwischen sind auch Agent Rocket und Agent Power zurück
Ein Höhlenlöwe, der während der letzten Kaltzeit durch Europa und Nordasien gestreift ist?!
Der Hammer, oder?! Er gehört zu den größten Löwen, die je gelebt haben, hatte ein dichtes und langes Fell und jagte vor allem Wildpferde, Hirsche, Antilopen oder Rentiere.
Jetzt müssen wir nur noch herausfinden, ob sisch noch mehr solscher Funde in der Erde verchtecken.

Oh Gott, das dauert doch sicher Jahre.
Keine Sorge! Agent Smart kann das sicher schneller herausbekommen. Oder, Luke?

Natürlich kann er das – dank seiner neuen Super-Scanner-Drohne!
In wenigen Sekunden wissen wir ganz genau, was hier noch so unter der Erde liegt.

Herr Fall, Sie müssen jetzt stark sein!

Wie soll ich das nur meinem Chef erklären?

Keine Sorge, das erklären wir für Sie! Außerdem bringen wir das Skelett in ein Museum.
Und dann rufe ich sofort meine Archäologen-Freunde an und komme für umfangreiche Ausgrabungen zurück.

Die Agenten haben wieder einmal eine Mission erfolgreich beendet. Und irgendwo im Wald wird ein Jäger für seine Unfreundlichkeit bestraft …
Was war das denn für ein Knall, Jada?
Wieso fragst du immer misch, wenn es irgendwo rumst? Frag lieber Maya, warum sie so blöd grinst …
BÄNG
ENDE

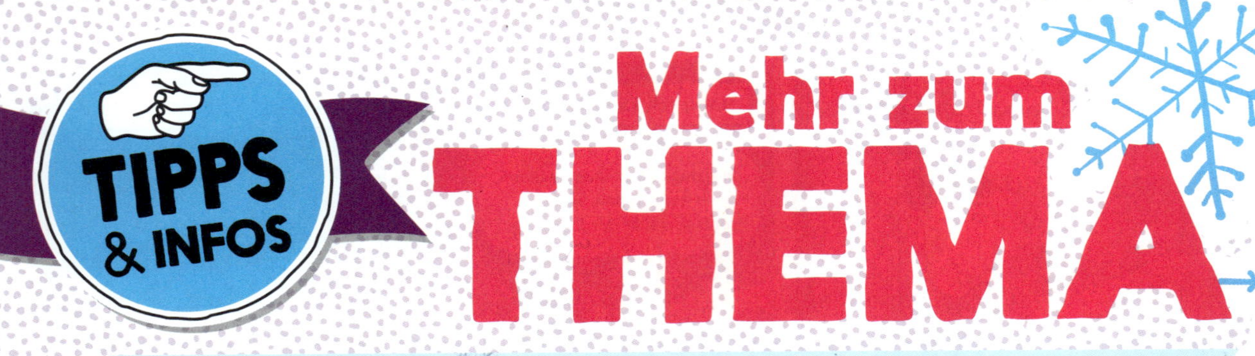

Top-3-Ausflugsziele

Reiss-Engelhorn-Museen

Werft euch schon mal das Fell ... ääh ... die Fleecejacke über, schnürt die Stiefel und schnappt euch ein Fernglas! Denn diese Ausstellung nimmt euch mit auf einen Tiefkühl-Trip in die Vergangenheit. Wen ihr dort trefft? Was ihr futtert? Oder wo ihr wohnt? Findet es heraus in der „Eiszeit-Safari" im Museum Weltkulturen in Mannheim. In der Ausstellung könnt ihr außerdem lebensechte Nachbildungen von Höhlenlöwen, Mammuts oder Fellnashörnern (Foto) entdecken und echte Tierskelette bewundern. Und an vielfältigen Mitmachstationen wird die Reise in die Vergangenheit für euch zu einem Multimedia-Erlebnis.

Reiss-Engelhorn-Museen • Museum Weltkulturen D5 • 68159 Mannheim • www.rem-mannheim.de

Neanderthal-Museum

Ganz in der Nähe des namensgebenden Neandertals in Nordrhein-Westfalen zeigt euch das Neanderthal-Museum die Vielfalt der Frühmenschen. Der Schwerpunkt liegt natürlich auf unseren nahen Verwandten, von denen sich sogar noch Reste in unseren Genen nachweisen lassen.

Neanderthal-Museum • Talstraße 300, 40822 Mettmann • www.neanderthal.de

Geopark Schwäbische Alb

Für Eiszeit-Experten gleicht die ganze Schwäbische Alb einer gigantischen Schatzkiste. Wie ihr auf Seite 45 lesen könnt, haben sie hier unter anderem die ältesten Kunstwerke überhaupt entdeckt, kleine Figuren aus Mammutelfenbein. Besucht Höhlen und Museen – und staunt!

Geopark Schwäbische Alb • www.geopark-alb.de

Buch-Tipp

Bunte Geschichte

DARUM GEHT'S: Biologisch gesehen gehören wir Menschen zu den Säugetieren. Was aber ist vor Zehntausenden von Jahren geschehen, dass aus den Frühmenschen der *Homo sapiens* wurde und schließlich die ganze Welt eroberte? Und warum gibt es keine anderen „Menschenarten" mehr, etwa die Neandertaler? Der israelische Historiker Yuval Noah Harari erzählt in seinem millionenfach verkauften Buch „Sapiens" die spannende Geschichte der Menschheit. Die Abenteuer unserer Vorfahren gibt es nun auch ein bisschen anschaulicher erzählt – als bunten Comic.

DARUM LOHNT ES SICH: In dem Buch steckt so viel Wissen, dass das Comic-Format dabei hilft, die Zusammenhänge zu verstehen und einlädt, immer mal wieder hineinzuschauen.

Yuval Noah Harari: Sapiens. Der Aufstieg • C. H. Beck • 248 Seiten • 25 Euro

Land unter!

DARUM GEHT'S: Während der Eiszeit erhebt sich für viele Tausend Jahre zwischen dem heutigen Großbritannien und dem europäischen Festland Doggerland. Erst vor etwa 8000 Jahren überspült die Nordsee die riesige Landmasse endgültig. In dem Roman „Doggerland" werden die Zwillinge Lex und Leyla durch einen unglücklichen Zufall aus der Gegenwart genau in diese Zeit hineingeworfen. Der Beginn eines großen Abenteuers ...

DARUM LOHNT ES SICH: Die Geschichte um die beiden unfreiwilligen Zeitreisenden ist spannend und entführt euch in eine Welt, von der ihr wohl noch nicht so viel gehört habt. Beim nächsten Nordsee-Urlaub steht ihr am Strand und wisst: Dort draußen war Doggerland!

Daniel Bleckmann: Doggerland • Ueberreuter • 288 Seiten • 14,95 Euro

Immer zur Hand

DARUM GEHT'S: Wer zu weit von Mannheim entfernt wohnt (siehe Ausstellungstipp links), kann auch zwischen zwei Buchdeckeln auf Eiszeit-Safari gehen. In dem „Reiseführer" findet ihr Tierporträts, einen Überblick über die Pflanzenwelt – und natürlich ganz viele Infos, wie unsere Vorfahren gelebt haben.

DARUM LOHNT ES SICH: Die clevere Idee einer Safari ist spannend und gut umgesetzt. Für die Jüngeren unter euch gibt es das Buch auch als Version „für Kids".

Gaëlle Rosendahl u. a.: Eiszeit-Safari • Pfeil • 244 Seiten • 19,90 Euro; Eiszeit-Safari für Kids • 56 Seiten • 7,90 Euro

Kultiges Trio

DARUM GEHT'S: Die drei berühmtesten Bewohner der Eiszeit heißen – na klar! – Sid, Manni und Diego. Das berühmte Dreiergespann aus Faultier, Mammut und Säbelzahntiger stellt zwischen Gletschern und Vulkanen jede Menge Unsinn an und gerät regelmäßig in halsbrecherische Situationen. Ihre fünf Abenteuer gehören zu den lustigsten Animationsfilmen, die je im Kino gelaufen sind.

DARUM LOHNT ES SICH: Ob ihr nur einen Streifen anschaut oder euch gleich die ganze DVD-Box vornehmt – bei „Ice Age" wird euch warm, und zwar vor lauter Lachen.

Ice Age 1–5 Collection • Disney • 5 DVDs • etwa 20 Euro

Unsere Buchtipps präsentieren wir zusammen mit Mikado.
Alles über das Kinderradio von NDR Info erfahrt ihr unter www.ndr.de/mikado

GEOlino extra Fotos: Remie Bakker/rem (l. o.); PR; shutterstock (Hintergrund und Beiwerk)

VORSCHAU

Das nächste Heft erscheint am 24. März 2021

Auch mit **DVD** erhältlich!

Yeeehaaa! Rund 8000 Rinder leben auf der Farm von Emilees Familie in den USA. Gemeinsam mit ihrem **Pferd** hilft die Zwölfjährige dabei, sie zusammenzutreiben

Hopp!

Tierische Helfer

Sie tragen uns auf ihrem Rücken, erschnüffeln Gefahren wie Landminen, unterstützen **Kranke** und Menschen mit Behinderung, bestäuben Apfelbäume und Tomatenpflanzen. Ohne die Hilfe von Abermillionen Tieren wären wir Menschen ganz schön aufgeschmissen. Grund genug, ihnen ein GEOlino extra zu widmen! In der nächsten Ausgabe erzählen wir die Geschichte einer berühmten **Brieftaube**, die im Ersten Weltkrieg knapp 200 Soldaten das Leben rettete, verraten euch, welchen wichtigen Job **Frettchen** am Flughafen erledigen und warum Forschende hierzulande Spinnen melken. Es wird also tierisch spannend!

Wundertier

Abgetrennte Füße oder Beine wachsen beim **Axolotl** einfach nach. Forschende wollen herausfinden, weshalb – so wollen sie verletzten Menschen helfen

GEOlino extra Fotos: Imke Lass (l. o.); Melanka Helms für GEOlino extra (r. o.); Shutterstock (l. u., r. m., r. u., Beiwerk)